Kompendium aller Naturgesetze, Schicksalsgesetze oder universellen Gesetze

- aus der Fülle in die Fülle -

In Liebe zu Wasser, Wind und Feuer, den Mineralien, Kristallen, Gesteinen, Felsen, Bergen, Flechten, Kräutern, Blumen, Bäumen, Insekten, Reptilien, Säugetieren, Menschen, Ahnen, spirituellen Wesenheiten und Göttern.
All dies ist Gott!

Vorwort

Dieses Buch ist an alle Menschen gerichtet, die sich in ihrem Leben mehr erhoffen als nur Fremdbestimmung, Schwere und Arbeit. Es ist nämlich ein Werk, welches jeden einzelnen zur Verwirklichung seiner eigenen Vision, Freude und Leichtigkeit im Leben aufruft.

Ich schreibe hierbei aus eigener Erfahrung, denn ich bin in meinem Leben durch bittere Krisen gegangen und werde diese Erlebnisse im Laufe des Buches einfließen lassen. Das Hauptaugenmerk der Lektüre aber liegt darauf gerichtet, dass auch Sie unter Beachtung der allgemeinen Lebensgesetze jederzeit damit anfangen können, ein glückliches, gesundes Leben im Wohlstand zu führen, so wie es auch mir mittlerweile gelingt.

Ich will dies einmal als die drei großen G bezeichnen: Glück, Gesundheit und Geld oder anders ausgedrückt: Lebensfreude, Leichtigkeit und finanzieller Erfolg. Darüber sollten wir uns einig sein.

IMPRESSUM
Herstellung und Verlag
BoD - Books on Demand, Norderstedt
ISBN 978-3-8423-7366-2

Exkurs übers Glücklichsein

Im Prinzip beginnt alles mit der eigenen Lebensfreude, denn dann stellen sich auch Leichtigkeit, Gesundheit und der Erfolg quasi wie nebenbei ein. Wer glücklich ist, ist glücklich! Er ist es auch dann, sollte er krank oder arm sein. Das Geniale daran aber ist, dass er es nicht sein wird, sondern alles hat, was er zur Gesundung und zum Wohlstand benötigt. Er wird Gesundheit und Wohlstand in sich tragen und zugleich als Reflexion im Außen vorfinden. Persönliches Glück stellt sich so als unser höchstes Gut heraus. Wie aber lässt es sich erreichen? Alle streben nach Glück. Wenn man einen Menschen fragt: "Warum tust du dies oder das?" So wird er vielleicht antworten: "Um Geld zu verdienen." Fragt man dann weiter: "Warum möchtest du Geld verdienen?", so entgegnet er möglicherweise: "Um mir etwas leisten zu können." Fragt man nochmals weiter "Warum möchtest du dir etwas leisten?", wird er vielleicht erwidern: "Um mir und anderen eine Freude zu bereiten." Warum aber möchte er dies? "Um glücklich zu sein!" Der Urgrund, unserer Urmotiv, ist also immer, dass wir glücklich sein wollen. (Das Ergebnis wird immer dasselbe sein, egal mit welcher Anfangsfrage wir beginnen.)

Natürlich kann ich Ihnen keine Versprechungen irgendwelcher Art machen, aber dennoch versichern, dass das Verständnis und die Berücksichtigung der in diesem Buch dargelegten 33 Naturgesetze sich auf alle ihre Lebensbereiche bereits mittelfristig positiv auswirken wird. Allein schon die Beschäftigung damit reicht aus, um Ihr Leben in die jeweils gewünschte Richtung zu verändern und zumindest wieder ein kleines bisschen mehr Glück in Ihr Leben zu ziehen, indem Sie es einfach geschehen lassen.

Über meine eigene Person darf ich Ihnen vielleicht mitteilen, dass es mir mittlerweile gelungen ist, mich erfolgreich als Seminarleiter, Naturcoach und Autor zu etablieren und vor allen Dingen glücklich bin mit dem, was ich tue. Dies war nicht immer so. Ich durchlief schwere Initiationskrankheiten, Depressionen, war obdachlos, ernährte mich vom Müll anderer Leute, galt in den Augen mancher als "drogenabhängig" oder asozial, hatte Ärger mit der Staatsgewalt, sah mich als Staatsfeind und hatte eine Reihe persönlicher Feinde. Doch wie es aussieht, gehören alle diese Dinge der Vergangenheit an. Heute, im Augenblick da ich dieses Buch schreibe, bin ich ein glücklicher Familienvater, im schuldenfreien, schönen Eigenheim, bei bester Gesundheit, mit ausreichend und mehr Einkommen und vielen tollen Freunden, denen ich sehr viel verdanke. Ich behaupte nicht, dass meine Familie und ich im Reichtum schwimmen, aber wir leben in angemessenem Wohlstand. Und vor allen Dingen bewegen wir uns dabei im bestmöglichen Einklang und Harmonie mit der wunderbaren Schöpfung in und um uns. Wie ist das möglich? Nun ganz einfach. Wann immer mir etwas widerfahren ist, habe ich daraus gelernt. So bin ich tiefer und tiefer ins Reich der Schicksalsgesetze eingedrungen, habe studiert und erkannt, integriert und umgesetzt. Wenn ich in diesem Moment sterben würde, hätte ich ein erfülltes Leben gelebt, obwohl - so die Gottheit will - ich noch dessen zweite Hälfte vor mir habe.

Die lebenslange Erforschung und Berücksichtigung der universellen Gesetze hat mir also dabei geholfen, erfolgreich, gesund und glücklich zu werden. Und selbst dann, sollte mir jetzt noch irgend etwas Schlimmes zustoßen, hätte ich mittlerweile Kenntnisse und Mittel an der Hand, auch hieraus das Beste zu machen. Aus Leid wird Weisheit wird Stärke wird Glück. Hier ist der Weg.

Lieber Leser, denn als solchen darf ich Sie doch wohl bezeichnen? Ich bin mir sicher, dass Sie das Folgende genau zu dem für Sie richtigen Zeitpunkt in Ihrem Leben lesen werden und dennoch werde ich Ihnen hier nichts mitteilen, was Sie nicht ohnehin schon wissen (Gesetz der Holographie). Wenn also gerade die Sonne scheint, sollten Sie vielleicht lieber einen schönen Spaziergang machen und die Natur genießen, als sich mit Dingen zu beschäftigen, die Sie ohnehin schon alle kennen. Es gibt nichts, was außerhalb Ihres Bewusstseins wäre (Gesetz der Einheit). Letztlich sind Sie all-wissend und darin liegt auch Ihre große Chance, um neu durchzustarten. Gäbe es nichts, was Sie im Leben noch vermissen, würden Sie dieses Buch auch nicht lesen.

Trotzdem werde ich Ihnen nichts wirklich "Neues" mitteilen. Ich könnte dies auch gar nicht, denn alles befindet sich bereits in Ihrem Bewusstsein. Es war dort von Anfang an (Gesetz des Anfangs) und wird immer dort sein!

Ohnehin gibt es nichts "Neues" auf diesem Planeten. Wer auch immer dies behauptet, irrt sich bestenfalls, zumeist aber will er irgendetwas von Ihnen; sei es Ihre Aufmerksamkeit; Ihr Geld; Ihre Zeit; Ihre Stimme... Ich kann Sie allenfalls daran erinnern, dass alles, was Sie vielleicht noch immer für bare Münze betrachten (beispielsweise Raum und Zeit) lediglich Illusion ist (Gesetz der Maya). Aber diese Täuschungen im eigenen Bewusstsein werden nicht von Dauer sein (Gesetz der Veränderung). Eines Tages werden die Schleier verschwinden! Von dieser höchsten Warte aus betrachtet, lohnt es sich also nicht wirklich, sich mit den universellen Schicksalsgesetzen zu beschäftigen. Gelassenheit ist das Gebot der Ewigkeit! Erwachen Sie hier und jetzt!

Wenn Sie bereits erkannt haben, dass alles schon in Ihnen existiert, noch bevor es Ihnen bewusst wird, wird Sie die Beschäftigung mit dem "Kompendium aller Naturgesetze, Schicksalsgesetze oder universellen Gesetze" hierin bestärken. Seine Absicht ist keine geringere, als Sie daran zu erinnern, wer oder was Sie *wirklich* sind. Oder gehören Sie zu jenen *Erleuchteten*, die bereits in ständiger, glücklicher Erinnerung an alle in Ihnen gespeicherten Information leben? Ich jedenfalls gehöre nicht zu diesen Menschen und musste mir mein Wissen auf meinen ganz eigenen Schicksalswegen und durch die Suche und Erforschung allgemeingültiger innerer und äußerer Gesetzmäßigkeiten erst mühevoll erarbeiten. Vermutlich wird es auch Ihnen in dieser Hinsicht nicht sehr viel anders gehen.

Auch, sollten Sie sich von einer detaillierten Kategorisierung und Katalogisierung der universellen Gesetzen angesprochen fühlen (wie langweilig!), sind Sie hier genau richtig, bitte behaupten Sie aber im Nachhinein nicht, man hätte Sie nicht gewarnt! Es gib nichts wirklich "Neues" unter der Sonne! Die höchste Weisheit liegt nach wie vor daran zu erkennen, dass man selbst die Sonne ist, an deren Strahlen man sich erfreut.

Eine weitere Warnung sei an dieser Stelle gleich mit ausgesprochen: Es ist durchaus möglich, dass sie einzelne Aussagen, Sätze oder Gesetze in diesem Werk nicht nachvollziehen können, da Sie persönlich anderer Erfahrungen gemacht haben und daher anderer Meinung sind. In diesem Fall konzentrieren Sie sich doch bitte auf jene Textpassagen und Gesetze, die Ihnen auf Ihrem persönlichen Weg weiterhelfen. Ein Werk wie dieses wird nie gänzlich ohne Widersprüche auskommen, denn das Eigentliche befindet sich immer jenseits der Worte. Stören Sie sich also nicht weiter daran. Vielleicht wird Ihnen bei dem einen oder anderen auch erst später der eigentliche Sinn des Geschriebenen verständlicher werden. Synthetisches Wissen entsteht ja bekanntlich erst, wenn sowohl die These, als auch die Antithese durchlebt und erfahren wurden. Erst durch den Pol und seinen Antipol gelangen wir ins Zentrum der Weisheit. Das heißt: Auch dort, wo Sie nicht in Resonanz mit dem Geschriebenen gehen, wird durch die bloße Beschäftigung damit, insbesondere auch durch die Bewusstwerdung der eigenen Widerstände, weitere Entwicklung hin zur Erkenntnis der höchsten Ebene angeregt! Soviel zur Theorie. Letztlich geschieht alles wahre Lernen in-wendig und nicht aus-wendig.

In diesem Buch wird auf wissenschaftliche Deutungsmuster weitestgehend verzichtet, denn unsere Wissenschaft, so hilfreich sie in manchen Bereichen auch sein mag, weiß bei Weitem nicht alles und unterliegt immer unserem aktuellen Bewusstseinsstand der entsprechenden Daseinsstufe. Das heißt: Wir können immer nur das erforschen, was wir bereits selbst in uns tragen. Oder anders ausgedrückt: Wir können nur das entdecken, von dessen Existenz wir ohnehin überzeugt sind. Wir können nur erfinden, was wir bereits kennen und wir können nur etwas erfolgreich benutzen, an dessen Wirksamkeit wir glauben. Erst langsam hat die "moderne" Wissenschaft damit begonnen, den von ihr selbst errichteten, engen Bezugsrahmen wieder zu verlassen und sich bewusst zur Einheit zurückzuentwickeln. Die Physik hat den Anfang gemacht. Es folgten Chemie, Biologie und Medizin. Einige interessante Teildisziplinen heißen Quantenphysik, Neurolinguistik oder Epigenese.

Sollten Sie sich zur Lektüre dieses bewusst klein und erschwinglich gehaltenen Kompendiums entschließen, wird sich Ihnen also hoffentlich - jenseits aller vordergründigen Wissenschaft - das wahre Wesen des Universum in Relation zu Ihnen selbst offenbaren!

Und dennoch kann man, um bei der höchsten Wahrheit zu bleiben, eigentlich nur sagen: Sie sind es! Sie sind dieses allmächtige Universum in sich und um sich herum! Und es gibt keine Trennung zwischen dem, was Sie in sich vorfinden und dem, was Sie in ihrem eigenen Leben umgibt!

Sie sind Einheit, Freiheit und pure Energie oder mit Sanskritworten: Sat (Unsterblichkeit) - Chit (Bewusstsein) - Ananda (Glückseligkeit); selbst wenn es Ihnen vielleicht manchmal schwer fällt, dies zu erkennen oder anzuerkennen!

Mehr gibt es nicht zu wissen. Mehr gibt es nicht zu erkennen. Ich spreche einfach vom ICH BIN. Wer das ICH BIN verstanden hat, kann sich getrost zurücklehnen: Es gibt nichts Weiteres zu lernen! Erwachen Sie! Auch, wenn Sie mit dem ICH BIN vielleicht hier erstmals in Berührung gekommen sind oder es nicht glauben oder verstehen, können Sie sich entspannen: Es gibt nichts zu lernen, was Sie nicht ohnehin zu gegebener Zeit erfahren werden. Es gibt nichts, was es Wert wäre, geglaubt zu werden. Es gibt nichts, was man fühlen, denken, sprechen oder tun müsste. Alles ist in bester Ordnung. Diese Welt, so wie sie ist, ist perfekt! Auch Sie sind perfekt und die Dinge geschehen von ganz alleine. Haben Sie dies erst einmal erkannt, müssen Sie sich nie mehr anstrengen und werden dennoch erfolgreich sein!

Ob Sie das ICH BIN also jetzt verstehen oder morgen oder nie, ist Nebensache, denn Sie selbst sind es: Das ICH BIN - unabhängig davon, ob Sie dies glauben, wollen oder wissen. Alles geschieht so wie es richtig ist und zur richtigen Zeit!

Auch ICH BIN das ICH BIN, wie jeder und jedes andere auch. Egal ob in diesem Leben oder jenem anderen, nach dem Tod, wir werden es immer sein! Mehr ist hierüber im Prinzip auch weder zu sagen noch wirklich sagbar und doch beinhalten diese simplen Sätze eine Wahrheit, die ihresgleichen sucht, lieber Leser.

Inhaltsverzeichnis

Einleitung

Eigentlich gibt es etwa 333 Lebensgesetze (Smiley), ich habe sie der Einfachheit halber aber auf 33 zusammengefasst (Doppelsmiley). Diese Naturgesetze bestimmen unser Leben und werden daher auch Schicksalsgesetze, Geistesgesetze, spirituelle oder universelle Gesetze genannt. Die Bezeichnung spielt dabei aber keine Rolle, lediglich die nachweisbare Wirksamkeit der Gesetze in den unterschiedlichen Lebensbereichen und Daseinsstufen ist von einer gewissen Bedeutung für die Qualität unserer Inkarnationen.

Diese Gesetze wirken von mindestens fünf verschiedenen Daseinsstufen her, hier zumeist "Ebenen" genannt, wobei keine dieser Ebenen in irgendeiner Weise als Begrenzung verstanden werden sollte, sondern vielmehr als bloßer Orientierungsrahmen. In Wirklichkeit gibt es weder Ebenen noch Grenzen. In letzter Konsequenz gibt es nicht einmal diese Gesetze. Und doch scheint irgendetwas von ihnen in uns Widerhall zu finden, sonst würden wir uns gar nicht damit beschäftigen.

Genau wie die Anzahl der Lebensgesetze selbst wird auch die Anzahl der unterschiedenen Wirkungsebenen letztlich nur durch unser Bewusstsein bestimmt. Es könnten drei, vier, fünf, sieben, neun, zwölf, dreizehn Daseinsstufen oder jede andere beliebige Zahl sein. Es spielt keine Rolle.

In Wahrheit ist alle Unterscheidung Illusion und Trug, wie es sich leicht auf der obersten Ebene erkennen lässt. Wie aber dort hin gelangen? Je tiefer wir in die Materie hinabsteigen, desto mehr Ebenen lassen sich - zumindest theoretisch - erfahren. Diese Ebenen sind wie Zwiebelschalen und auf dem Weg des Lebens durch all seine mineralischen, vegetativen und animalischen Substrate. Am Ende erkennt der Mensch nur das Eine: Sich selbst! Er ist es!

In meinem Buch habe ich mich dennoch auf fünf dieser Wirkungsebenen oder Daseinsstufen festgelegt, welche den magischen Elementen von Erde (irdische Ebene), Luft (Ebene des Geistes), Wasser (Ebene des Universums), Feuer (Ebene der Einheit) und Lebenskraft (Ebene der Ausflockungen) entsprechen. Schließlich wird noch eine "sechste" Ebene als EBENE DER MENSCHLICHEN GESETZE hinzugefügt.

Wer schlau ist erkennt: Leben hat immer etwas mit Magie zu tun. Magie ist Leben und Leben ist Magie. Schamanen aller Zeiten haben dies gewusst, doch langsam kommen auch unserer "modernen" Naturwissenschaften wieder zu einem ganzheitlichen Verständnis der interaktiven und holographischen Gesamtheit der Schöpfung.

Die erste Ebene ist die **Ebene der Einheit des Bewusstseins und der Energie.** Sie kann auch "Ebene der einzig wahren Wirklichkeit" oder schlicht "oberste Ebene" genannt werden. Diese Ebene wird von einem einzigen Gesetz dominiert, welches ich hier als Gesetz der Einheit, des Bewusstseins und der Energie bezeichne. Von dieser Ebene aus gibt es die anderen Wirkungsebenen nicht wirklich. Sie werden von der **Einheit** umfasst oder aber als Maya (Illusion) entlarvt.

Dieser ersten obersten Ebene folgend und noch immer eng mit ihr verbunden, schließt sich die **Ebene der Andeutungen oder Ausflockungen** an, in welcher Zeit und Raum beginnen sich anzudeuten oder eben "auszuflocken". Dies geschieht mittels der Gesetze des Anfangs und der Holografie. Auf der Wirkungsebene der Andeutungen und Ausflockungen entsteht **Dualität**, beispielsweise zwischen zwischen gut und böse, warm und kalt , klein oder groß. Alle Polaritätspaare zusammen bilden einen Kreis, und führen zurück auf die Ebene der Einheit (Gesetz der Rückkehr). Ist dies ein Trost? Ich denke schon, denn die Hoffnung auf Heimkehr vermag den Urschmerz zu mildern, den wir alle in uns tragen.

Mystisch gesehen kann man davon sprechen, dass die Polaritäten von Gott und Göttin die eine Gottheit formen, welche noch immer im Zentrum des Kreises existiert! Die Mitte des Kreises ist also nach wie vor jener Punkt, welcher auch auf der Ebenen der Andeutungen oder Ausflockungen die Einheit symbolisiert. Es ist der Heilige Raum, das Zentrum der Liebe und kosmischen Energie. Ununterbrochen strahlt Licht aus diesem Zentrum in die Peripherie.

Sollten Sie nicht an die Gottheit glauben, so stellen Sie sie sich doch vielleicht einfach als Einheit allen Seins vor (beispielsweise als TAO oder BRAHMAN oder schlicht UNIVERSUM). Eine solche Vorstellung kommt der Wahrheit ohnehin viel näher als die tradierte Weisheit der monotheistischen Religionen. Gott ist weder ein alter Mann mit weißem Bart, noch eine schwarze Madonna.

Eine wirkliche Trennung von der obersten Ebene der Einheit wird erst in der nächstfolgenden dritten **Ebene der Konkretisierungen** erreicht. Ich nenne diese Ebene hier auch "Ebene des Geistes", denn die in ihr enthaltenen Gesetze des Werdens und der Illusion hängen bereits eng mit dem menschlichen Geist zusammen und existieren letztendlich nur in diesem. Den Polaritätspaaren der zweiten Ebene wird nunmehr eine dritte **Komponente** zugeordnet, nämlich jene **des Wandels, Werdens und Entstehens**. Aus Gut wird Böse. Warmes kühlt ab und Kleines wird groß... Zur bloßen Dualität gesellt sich die Transformation. Aus zwei wird drei.

Nur der geschulte Geist erkennt, dass es sich auch bei dieser Ebene, wie bei allen weiteren Ebenen, letztendlich lediglich um eine Illusion handelt, Spieglungen des Geistes, der sich selbst, um besser arbeiten zu können, Raum und Zeit kreiert... In Wirklichkeit gibt es nur ruhende Einheit - weder Abspaltung, noch Polarität, noch Wandel! Das ist die ganze Wahrheit!

Was nun folgt ist die **Ebene des Universums**, die wir in unserem Kompendium an vierter Stelle im Ranking der Ebenen positioniert haben. Wenn wir schon von Polaritätspaaren (= 2. Ebene) und einer Entwicklung innerhalb dieser entgegengesetzten Pole (= 3. Ebene) ausgehen, so muss es auch bestimmte Gesetzmäßigkeiten geben, die diese Entwicklung, dieses Werden und Vergehen, regeln. Diese emotional bedingten Funktionskreisläufe finden wir auf der vierten Ebene, der "Ebene des Universums".

Der Grundstoff dieser Gesetzmäßigkeiten sind in erster Linie die **Gefühle**, denn letztlich wird alles im Universum primär von unseren Gefühlen bestimmt und nicht, wie viele meinen, von unserem Geist her. Auch wir verdanken unser Dasein in der Welt letztlich den Gefühlen der Lust und Liebe, die unsere Eltern hegten. Zumindest sollte dies so sein... Dann liegt zugleich *Inlinement* vor, also qualitative Übereinstimmung der verschiedenen Ebenen. Doch unabhängig davon, wie viel der kosmischen Liebe wir auf unserer irdischen Ebenen herunterretten können, sind es die menschlichen Gefühle, denen wir unser Dasein verdanken. Ohne sie wären wir nicht überlebensfähig, weder individuell, noch als Gattungswesen.

Die das gesamte Universum bestimmenden, auf Grundlage von Gefühlen hervorgerufen, Naturgesetze befinden sich auf der hier erreichten vierten Ebene des Universums. Hierzu gehören beispielsweise die Gesetze der Seele und der Kommunikation.

Geregelt wird auf dieser Wirkungsebene insbesondere das Entscheidende: Das Funktionieren des Universums als ganzes und das mehr oder weniger friedvolle Zusammenleben seiner Teilaspekte durch Kommunikation. Erst, wo die Kommunikation der einzelnen universellen Bestandteile gestört wird, kommt es zu für die Lebensqualität von Menschen unerfreulichen Begleiterscheinungen wie Krebs, Krieg, Katastrophen oder gar der Kollaps ganzer Systeme. Wir wollen hier einmal von den K-Wörtern sprechen, da erstaunlich viele dieser "Krankheiten" mit K beginnen.

Ausschlaggebend für alles Geschehen sind, wie gesagt, immer unsere Gefühle. Auch wenn es unglaublich klingt, weder Krebs, noch Krieg, noch gesellschaftliche oder kosmische Konfrontation oder Kollision existierten, würden sie nicht durch unsere eigenen Gefühle hervorgerufen!

Nicht, dass ich hier falsch verstanden werde: Alle diese K-Wörter sind nichts *wirklich* Schlechtes, es sind Polaritätspaare oder Schatten der G-Wörter, wie Gottheit, Gut oder Gold. Sie gehören damit genauso zum Leben wie die Gesundheit, das Licht oder der Frieden. Nur für den einzelnen Menschen mag es unerfreulich sein. Andere hingegen profitieren schon wieder von derartigen Konstellationen. Ich denke hier beispielsweise an die Pharmaindustrie, die mit ihren Mitteln Tausende in den Tod treibt und sich an ihrem Leid bereichert, die weltweite Waffenlobby, Diktatoren, gewissenlose Großgrundbesitzer oder multinationale Konzerne, Zwölftonmusiker wie die Amigos (zumindest klingt deren Musik so) und Untergangsapostel jedweder Couleur, die sich an der Angst anderer bereichern etc. *(Wie Sie sehen, hat sich an dieser Textstelle der kleine Schalk eingeschlichen, obwohl sie ernst gemeint ist. Meines Erachtens bleibt Humor ein wichtiges Standbein jedes gelingenden Lebensentwurfs. Da er sich aber nicht explizit gegen andere richten sollte, möchte ich mich persönlich bei den Amigos entschuldigen. Sicherlich gibt es auf dieser Welt einige Verwegene, die deren Musik zu schätzen wissen.)*

Es kommt also immer auf unsere Sichtweise an! Vor allem sollten wir uns auf dieser vierten Ebene noch immer jedweden Moralisierens enthalten, denn alles in diesem Universum hat seine Existenz- und Daseinsberechtigung, nur nicht unbedingt in meinem Körper, meinem Radio oder generell auf Erden. Um ein weiteres Beispiel zu nennen: Ich bin bekennender Arachnosoph, also Spinnenfreund, siedele aber dennoch alle Spinnen, die ich im Haus finde, nach draußen um. Eine Zwangsumsiedlung also, denn meines Erachtens haben die Spinnen im Haus nichts verloren, dafür im Garten und der freien Natur um so mehr. Hat dieses Beispiel eine Moral?

Ein anderes Beispiel aus der Medizin: Es gibt keine grundsätzlich negativen Stoffe, sondern lediglich die Dosis bestimmt darüber, ob etwas als Medikament oder Gift wirkt. Auch Bakterien und Viren erfüllen lebenserhaltende Funktionen. Manche davon sollten aber nicht unbedingt auch in unserem Körper sein. Aus der "richtigen" Sache am falschen Ort wird eben nur selten ein Vergnügen. Aber eine Moral? Nein, in der Natur gibt es eine solche Moral nicht und wir sollten uns tunlichst hüten, eine solche hinzuzuerfinden!

Ein letztes Beispiel aus dem Reich der Mythologie: Wer von Ihnen glaubt an Dämonen. Egal, solange sich diese auf der anderen Seite befinden, wo sie hingehören, schaden sie uns nicht und haben durchaus ihre Daseinsberechtigung. In diese Welt allerdings gehören sie ebenso wenig wie ein Mensch in ihre Reiche. Fazit: Alles hat irgendwo seine Daseinsberechtigung!

Fassen wir noch einmal zusammen: Alles Sein ist gefühlsdurchdrungen und wird erst durch unsere Emotionen ins Leben gerufen. Was aber nun fürs Große gilt (Gefühle verursachen die gesamte Schöpfung), gilt auch fürs Kleine. Das heißt: Auch die uns umgebende ganz persönliche Welt (Familie, Beruf, Wohnung, Freunde etc.) wird von uns selbst durch unserer eigenen Gefühle kreiert und materialisiert. Unglaublich? Versuchen Sie es doch einmal selbst! In dem Maße, wie es Ihnen gelingt, Ihre eigenen Gefühle besser steuern zu können, wird sich auch die sie umgebende Umwelt verändern!

Sie sind der Schöpfer Ihrer Welt! Bitte erwachen Sie endlich! Es gibt keine Moral, außer der, die wir den Dingen beilegen. Wir bestimmen zu 105% darüber, was uns umgibt. (Fünf Prozent hiervon sind Unglaube.) Es gibt nichts "Negatives" dort draußen. Einzig in uns selbst mag es "negative" Gefühle geben. Ändern Sie es, indem Sie die volle Verantwortung für sich, Ihr Leben, Ihre Liebsten und die gesamte Schöpfung übernehmen! Ihre Welt ist perfekt! Es gibt nichts, worüber zu grollen sich lohnen würde... Falls doch, so ändern Sie es, indem sie sich selbst beziehungsweise Ihre Einstellung zu den Dingen ändern. Das ist alles. Sie können jetzt das Buch zuschlagen...

Steigen wir trotzdem noch etwas tiefer in unsere eigene Schöpfung hinab, folgt die fünfte, die sogenannten **irdische Ebene,** welche speziell für die Erde und die angrenzenden Galaxien gilt. Hierbei will ich insbesondere die vier für den Menschen wichtigen **Gebiete der Resonanz, der Liebe, des Heilseins sowie der Polarität** unterscheiden, wie ich sie im Laufe meines Lebens erforscht habe. Sie entsprechen zugleich den vier

Himmelsrichtungen.

Resonanz ist hierbei dem Osten zugeordnet, wo wir selbst über unser eigenes Schicksal bestimmen. Liebe entspricht dem Segen des Südens. Sie ist die oberste das Universum bestimmende Kraft. Nach der Liebe folgt das Heilsein, welches hier im Westen lokalisiert wird und schließlich der Norden, welcher, zwischen Eis und Feuer, am besten die natürliche Polarität der Schöpfung verkörpert.

> *Um falschen Erwartungen vorzubeugen: Dies ist kein Buch über das Medizinrad, dessen Wirkung und Bedeutung auf unser Leben dennoch ausdrücklich an dieser Stelle betont werden sollen! Eine hiervon unabhängige Beschäftigung mit dem Medizinrad wird daher empfohlen! Oder besser noch: Finden und arbeiten Sie mit Ihrem ganz persönlichen Rad! Fahren Sie Fahrrad! (Kleiner Scherz zum Wohle der Gesundheit!)*

Auch persönlich habe ich das Medizinrad teils schmerzlich, teils freudig mehrmals durchlaufen müssen. Um nur ein Beispiel zu nennen: Im Osten trat man mir als Grundschulkind in den Hoden, was furchtbar schmerzte und ich befürchtete deshalb während meiner gesamten Jugendzeit zeugungsunfähig zu sein. Eine schwere Belastung für einen heranwachsenden Jugendlichen, der es einfach nicht besser wusste, aber über diese Urangst auch nicht sprechen konnte. Dennoch wurde mir im Alter von zweiunddreißig Jahren im Süden mein erstes Kind geboren. Ich war überglücklich, doch seine Mutter wollte anfangs von mir als Vater nichts wissen. Sie gab "Vater unbekannt" an und verweigerte mir einen geregelten Umgang. Auch der Süden kann also grausam sein. Erst im Westen in einem abgelegenen Pyrenäendorf erfuhr ich langsam die Heilung, derer ich bedurfte, um dann im Norden die diesbezüglichen Polaritäten zu überwinden. Heute habe ich ein tolles Verhältnis zu meinem Sohn und verstehe mich auch wieder besser mit dessen Mutter. Dies war nur ein Beispiel. Es gäbe unzählige andere. Wir alle folgen unentwegt den Pfaden des irdischen Daseins und durchlaufen so dessen Zyklen. Was heute oben ist, wird morgen wieder unten sein. Was schmerzt, wird vergehen und wer Niederlagen erleidet, dem kann es mit ein bisschen Übung leicht gelingen, diese wieder in persönliche Stärken zu verwandeln. Letztlich gibt es bei diesem Spiel weder Anfang noch Ende, weder Sieger noch Besiegten, weder Scheitern noch Erfolg, denn das Rad dreht sich und dreht sich immer weiter. Vergangenes ist vergangen und man kann auch das, was ist, nicht festhalten. Sehr wohl aber kann man darüber mitbestimmen, was sein wird. Trotz oder gerade wegen dem Wirken und den Lehren dieses Schicksalrades, wird es uns eines Tages gelingen, in dessen Zentrum zu gelangen. Was uns heute vielleicht noch umzuwerfen vermag, wird uns dann schon nicht mehr erschüttern. Mit freudiger Gelassenheit werden wir zum bloßen Beobachter unserer eigenen Leben. Es ist vollbracht! Die Einheit im Zentrum wurde verwirklicht! Wie, wie ist das geschehen? Werden Sie einfach zum Beobachter Ihrer selbst! Wer ist es, der sich da mit seinem Körper, seinem Geist, seiner Seele identifiziert? Beobachten Sie einfach! Atmen Sie ein; atmen sie aus und beobachten Sie dabei. Sie haben keine andere Wahl! Wir sind solche Narren!

Im Prinzip wurden damit bereits alle in diesem Buch unterschiedenen, magischen Wirkungs-ebenen voll erfasst: Die Einheit allen Seins; dies Ausflockung von Gefühlen und Gedanken; das Entstehen von Polarität und des Transformationswirbels der dritten Ebene, wie er sich beispielsweise auch im Zeichen der keltischen Triskele abbildet; sodann das Herausbilden erster Gesetzmäßigkeiten und die Erkenntnis, dass wir nur aus dem Zentrum des Medizinrades heraus wieder zum Beobachter unserer eigenen Narreteien zu werden vermögen, einem ersten Schritt zurück in die Einheit von Bewusstsein, Liebe und Energie. Dennoch steigen wir nochmals eine Stufe tiefer in den Tanz menschlicher Wirren und ergänzen eine "sechste" und in diesem Buch unterste **Ebene der menschlichen Gesetze**, wobei auf dieser Ebene zwischen den sogenannten fünf "ewigen" Menschengesetzen und den "weltlichen" Gesetzen unterschieden wird. Beide stimmen nicht immer miteinander überein.

Dieser Schritt, eine weitere hypothetische Ebene im Kompendium zu ergänzen, schien mir angebracht, um auch diese Reglungen und Regeln des menschlichen Zusammenlebens mit den vorherigen Schicksalsgesetzen in Relation zu bringen. Wenn ich auch auf dieser Ebene von "Gesetzen" spreche, so sind es doch eigentlich nur Grundregeln, welche bestimmte gesellschaftliche Vorgänge erklären, reglementieren, in Gang setzen und/oder aufrecht erhalten. Dies wäre eine Definition. Was in unserer Vorstellung geschieht, ist ein sogenanntes *Inlinement* von der obersten Wirkungsebene hinab in die tiefste Kloschüssel menschlicher Machart. Wer stets um die Lebensgesetze weiß und sie beachtet, dem können sie nichts anhaben. Er wird von Schicksalsschlägen verschont bleiben, da er selbst es ist, der über sein eigenes Schicksal bestimmt.

Inlinement bedeutet, dass wir uns mit unserem gesamten Denken, Fühlen, Sprechen und Tun im rechten Maß befinden und sich dies auf allen Daseinsstufen bemerkbar macht. Nicht nur im "Himmel" (der obersten Ebene des Bewusstseins), sondern auch auf Erden werden wir gesegnet sein. *Inlinement* heißt, dass wir durchlässig genug sind, den Segen der oberen Eben oder Welten bis hinab ins irdische Dasein zu empfangen. Die beste Art von *Inlinement* zeigt sich uns in der Qualität der Liebe. Nicht nur die all-umfassende kosmische Liebe durchdringt uns, nein, auch emotional und mental lieben wir, bis hinunter in den körperlichen, tantrischen Akt. Das ist *Inlinement*! Wer Erfolg haben möchte ist nicht nur von kosmischer Energie durchdrungen, sondern auch emotional und mental auf Erfolg getrimmt. Dann wird sich der materielle Erfolg früher oder später einstellen. Er kann nicht anderes. *Inlinement*!

Von den wahren unser aller Schicksal bestimmenden Naturgesetzen haben wir uns indes auf dieser "sechsten" Ebene schon weit entfernt. Die allumfassende wahre Wirklichkeit der Einheitsebene verbleibt nur noch als bloßer Schatten in unserer Erinnerung. Maya und das Spiel der Illusionen haben sich voll entfaltet...

EBENE DER EINHEIT DES BEWUSSTSEINS UND DER ENERGIE
ODER: EBENE DER EINZIG WAHREN WIRKLICHKEIT

Zunächst möchte ich auf die oberste Ebene aller Lebensgesetze, auch Naturgesetze, Schicksalsgesetze, kosmische oder universelle Gesetze genannt, eingehen. Hier befindet sich lediglich das eine, letztendlich einzig wahre Gesetz der Einheit, des Bewusstseins und der Energie...

1. Gesetz der Einheit, des Bewusstseins und der Energie
Das Gesetz lautet: Alles ist Einheit! Alles ist Bewusstsein! Alles ist Energie!

Das Gesetz der Einheit, des Bewusstseins und der Energie gilt als das höchste aller Lebensgesetze, sozusagen als höchste, ewige Erkenntnis. Lediglich die Einheit hat Bestand. Das Gesetz sagt aus, dass alles eins ist, untrennbar. Alles ist Einheit. Zugleich ist alles Bewusstsein. Die Einheit ist also Bewusstsein. Ferner ist Bewusstsein Energie. Alles ist demnach Energie und Energie geht nie verloren, weshalb auch Bewusstsein nie verloren geht (Gesetz des Erhaltes). Auch nach dem Tod eines Menschen erlischt dieses Gewahrsein nicht. Alles kommt aus dem Bewusstsein, ist immer Bewusstsein und geht in die Einheit zurück. Bewusstsein war am Anfang, Bewusstsein ist und Bewusstsein wird immer sein. Bewusstsein ist zugleich die reinste und ursprünglichste Form von Energie! Achtsamkeit ist seine Währung. Es gibt keine Trennung! Bewusstsein und Energie bilden mit allem Existierenden, sei es materiell oder immateriell, eine ewige, durch nichts zu durchbrechende EINHEIT. Manche nennen diese Einheit auch Gottheit oder Gott. Ich will sie hier den Kosmos oder das Universum nennen. Der Kosmos ist bewusst. Er ist energetisch. Er ist eins. Die Gottheit, Bewusstsein und das Universum sind identisch! Wir sind nicht nur ein Teil des Kosmos. Wir sind der Kosmos. Wir sind umfassendes Bewusstsein. Pure Energie. Eins mit der Gottheit. Ich könnte dieses Gesetz daher auch das **Gesetz der Einheit mit Gott** nennen. Oder **Gesetz der Gottesidentität** oder **Gesetz der Kohleroulade**. Es würde sich nichts an der Wahrheit ändern, dass dieser Zustand zwar erfahrbar ist, aber nicht mit Worten beschrieben werden kann. Er ist, wie Jesus sagte, der Weg, die Wahrheit und das Leben. Es verhält sich so, dass dieser Zustand reiner Energie - wenn wir so wollen: reiner Liebes-Licht-Bewusstseinsenergie - unser eigentlicher, einzig wahrer Urzustand ist, der alles andere umfasst und aus welchem wir in Wirklichkeit auch nicht herausfallen können. Wir sind also immer in diesem Zustand der Einheit. Immer! Immer! Immer! Wie einfach das Leben doch ist! Und wir Narren? Was machen wir daraus? Wir ängstigen uns Tag und Nacht... Wozu? Nur, weil wir Narren sind!

Ob Liebe, Licht oder Bewusstsein, das ist alles das Gleiche! Das einzige "Manko" ist, wie wir sehen werden, dass wir uns darüber hinwegtäuschen (können), wie im Gesetz der Illusion ausgeführt wird. Dann fangen die grundlosen Sorgen an. Trotzdem, auch wenn es uns schwerfällt: Sie sind "Ich" und "Ich" bin Sie. Wir sind die Gottheit und das Universum. ICH BIN! Auch die Kohleroulade ist Gott. Und Gott ist in Ihnen, denn auch Sie sind die Kohleroulade, werter Leser, bei aller Hochachtung!

Hallo, über der Sache stehen! Das könnte Humor sein! Humor ist übrigens auch Gott oder zumindest göttlich. Überhaupt ist beim ersten Satz in der Bibel ein Übersetzungsfehler aus dem Griechischen unterlaufen. Es müsste eigentlich heißen: "Am Anfang war das Gelächter..."! (Kleiner Scherz!) Letztendlich können Worte diesen Urzustand, das Mysterium, nicht beschreiben! Man sollte das gelegentliche Scherzen daher nicht unterlassen!

<u>Warum ich mir bei dem Gesetz der Einheit, des Bewusstseins und der Energie so sicher bin?</u>
1) Alle großen Religionen, Seher und Propheten berichten von der Einheit des Lichtes und des Bewusstseins. Dies wurde vielfältig und besser dokumentiert, als ich es in diesem Buch zu leisten willens bin und fähig wäre. Zudem muss ich ja nicht alles ständig wiederholen, was bereits umfassend dokumentiert wurde. Einzig die Abhandlung über die Göttliche Kohleroulade muss wohl beim Bibliotheksbrand von Alexandria unwiederbringlich vernichtet worden sein!

2) Das dargelegt Gesetz der Einheit, des Bewusstseins und der Energie entspricht den neuesten physikalischen Erkenntnissen und kann als solches in jedem Lehrbuch über moderne Physik nachvollzogen werden, welches nicht die Formeln im Vordergrund, sondern die eigentliche Bedeutung der "formulierten" Erkenntnisse zum Inhalt hat, also allgemeinverständlich geschrieben wurde. War dies verständlich? Nicht wirklich? Na gut: Die Essenz moderner Physik entspricht den Lehren diese Kompendiums hinsichtlich der höchsten und einzigen Bewusstseinsebene: Es gibt nur den Heiligen Raum - das ICH BIN - aus ihm heraus ist alles möglich!

3) Persönlich habe ich den Zustand der Einheit (oder *Erleuchtung*) bereits einige Male - wenn auch immer nur vorübergehend - erfahren, obwohl wir eigentlich die ganze Zeit erleuchtet sind, wenn uns dies im täglichen Leben auch nicht immer weiter hilft. Eine Gegebenheit, bei welcher ich persönlich Einheit erfuhr, sei hier geschildert: Ich saß damals, flankiert von zwei Hunden, gedankenverloren in den Pyrenäen und beobachtete, wie die Sonne hinter neun Bergketten unterging. Es waren neun! Während ich so saß und andächtig schaute, kreisten zwölf Geier über meinem Haupt. All dies war exakt so, wie ich es hier erzähle! In diesem Augenblick erfuhr ich eine vorübergehende *Erleuchtung*, was nichts anderes ist, als sich der Schönheit der Natur umfassend gewahr zu werden und wie ein Fels, ein Tier oder eine Pflanze komplett mit ihr zu verschmelzen. Es gibt keine Trennung! Jedes Mal, wenn wir dies bis in die letzte Körperzelle spüren, sind wir *erleuchtet*. (Mehr ist da nicht! Es ist wundervoll!)
4) *Im Übrigen wissen Sie dies alles ebenfalls, weshalb Sie vielleicht jetzt erst einmal einen schönen Spaziergang unternehmen sollten, um sich an der Welt zu erfreuen.... (Sollte es gerade tröpfeln, so vergessen Sie bitte nicht Ihren Regenschirm!)*

<u>Kommen wir nun zu einigen Anwendungen des Gesetzes der Einheit</u>
a) Trauen Sie keiner Religion, in der das Lachen verboten ist! Lachen ist Göttlich! Nieder mit dem Tabu der Ernsthaftigkeit und des Leidens im Glauben!

b) Beugen Sie Ihr Haupt und erweisen Sie Ehrfurcht und Demut vor jeder Kohleroulade und überhaupt vor allem im Universum. Alles hat ein Daseinsrecht! Hinzukommt, dass Sie selbst eine Kohleroulade sein könnten! Zumindest ich bin es! Lachen Sie also in Ehrfurcht vor der Schöpfung! Lachen Sie und auch die Gottheit, der Kosmos, wird lachen!

c) Mache Sie sich nicht zu viele negative Gedanken über Energieknappheit, scheinbarer Mangel an Intelligenz beim eigenen Nachwuchs, Klimaerwärmung oder Islamisten, denn es gibt nichts außer Energie und alles ist eins. Ihre Kinder bestehen aus reinem Bewusstsein und selbst der Islamist wird von der Suche nach Anerkennung, Glück und Liebe geleitet. Genau wie Sie selbst! Auch der Islamist ist ein Teil von uns! Was immer auch sein mag, es entspringt lediglich unserem eigenen Bewusstsein! Alles und jeder sind ICH BIN und ICH BIN ist vollständige Energie, das heißt für alles ist gesorgt. Selbst wenn die Kinder mal eine Prüfung verhauen. Selbst wenn es auf der Erde ein paar Grad wärmer wird oder die Ressourcen restlos aufgebraucht werden oder irgendein islamistischer Spinner das KaDeWe in die Luft sprengt. Machen Sie sich bitte keine unnötigen Sorgen, denn es wird gesorgt! Alles kommt zu seinem natürlichen und gerechten Ausgleich!

d) Machen Sie sich also keine Sorgen! Ohnehin ist alles einerlei! Seien Sie doch einfach mal spontan, glücklich und erleuchtet *(wie man so schön sagt)* und unternehmen Sie einen Spaziergang, um sich an Ihnen selbst zu erfreuen, denn alles was Ihnen begegnen wird, sind Sie selbst, die einmalige, allumfassende Göttliche Kohleroulade! Nein, ganz ernsthaft: Alle Ihre Sorgen und Ihr gesamter Schmerz, ich muss es Ihnen einfach sagen: sind unbegründet! Sie möchten an Ihrem Schmerz festhalten? Aber bitte doch, nur zu! Sicherlich haben Sie gewichtige Gründe hierfür!

e) Nehmen Sie die Dinge doch bitte nicht so verbissen ernst - egal ob Terror, Tod oder Teufel! Dies alles ist nur ein Spiel und es gibt so viele positive Dinge in der Welt. Beispielsweise Volksmusik, Werbesendungen oder Weißwürste. Möglicherweise fallen Ihnen auch noch ein paar andere Dinge ein. Richten Sie Ihr Augenmerk verstärkt hierauf, dann werden Sie noch mehr hiervon in Ihrem Leben erhalten! Was, Ihr Partner hat sie betrogen? Ihr Kind ist gestorben, Ihre Mutter hat Krebs und Sie haben soeben den Arbeitsplatz verloren? Ich möchte mich wirklich nicht in Ihr Leben einmischen, aber wachen Sie doch auf! Es gibt keinen Schmerz, der nicht vorrübergginge. Es gibt kein Leben, welches sterben könnte. Es gibt keinen Partner und keinen Arbeitsplatz, dem auch nur eine Träne nachzuweinen sich lohnen würde. Es gibt keinen materiellen Körper, keine Krankheit, keinen Verlust. Das alles ist nichts als Illusion! Wachen Sie auf und genießen Sie endlich jeden einzelnen Atemzug!

Das Gesetz der Einheit, des Bewusstseins und der Energie ist wie gesagt das einzige Gesetz auf dieser Ebene, **das einzig mögliche Gesetz auf der einzig wahren Ebene.** Dies ist die Ebene der einzig wahren Wirklichkeit. Etwas anderes gibt es nicht (wirklich)!

Mögliches Ende der Lektüre:
Esst eine Roulade (mit Mayo)!
Seid glücklich und mehret Euch!

MEHR WEISHEIT GIBT ES BEIM BESTEN WILLEN NICHT ZU ERLANGEN !!!

Vergessen Sie alles andere! Dies ist das einzige, was man wissen muss: **Sat Chit Ananda.** Unsterblichkeit - Bewusstsein - Glückseligkeit, meinetwegen noch Liebe, Heilung und Humor. Aber alles andere? Nichts als Illusion! Vergessen Sie es! Gelassenheit ist das Gebot der Ewigkeit!

Warum es sich dennoch lohnt weiter zu lesen?
Dieses Buch ist ein Aufruf, sich ins richtige Maß zu den Dingen zu setzen. Geben Sie dem Körper, was gut für Ihren Körper ist! Kultivieren Sie Ihre positiven Gefühle hinsichtlich der Welt und anderer Lebewesen! Meditieren Sie, wann immer Sie können! Und schulen Sie Ihren Geist in der Unterscheidung! Erkennen Sie vor allem aber auch die Einheit und das Zusammenspiel allen Seins! Im "Kompendium aller Naturgesetze, Schicksalsgesetze oder universellen Gesetze" bekommen Sie hierfür einen Leitpfaden in die Hand, dem Sie folgen können, den Sie jederzeit aber auch wieder verlassen können. Wie Sie mit diesem Buch verfahren, ist Ihnen komplett frei gestellt (wie könnte es auch anders sein). Sie können es verwerfen, zerreißen oder verehren und weiter verschenken. Wichtig ist, dass Sie gemäß Ihrer eigenen Vorstellungen Ihren eigenen Weg in Bewusstsein und Erwachen finden! Sollte sich im vorliegenden Werk auch nur ein einziger Schlüssel für Sie verbergen, der Sie hierin unterstützt, hat es seinen Zweck erfüllt. Dies wäre Glück. Dies wäre Gnade! Das gilt natürlich auch für den Umkehrschluss: Immer dann, wenn Ihnen das jeweils vorgestellte Gesetz in seiner Auslegung oder Formulierung nicht zusagt, zögern Sie bitte keinen Augenblick, es abzuändern oder sogar genau das Gegenteil von dem zu behaupten, was Sie hier vorfinden! Niemand erhebt den Anspruch auf Vollständigkeit oder gar das Erkennen der Wahrheit hinter den Dingen! Niemand erhebt Anspruch auf "Richtigkeit"! Es gibt kein "richtig" oder "falsch". Es gibt nur Sie und Ihre Gefühle. Übernehmen Sie hierfür also bitte die Verantwortung! Oftmals ist sogar der kürzeste Weg in die Einheit, wenn unser ach so trennender, wertender und fixierender Verstand endlich kollabiert. Man könnte in diesem Fall auch von Erleuchtung sprechen. Manchmal ist es vielleicht auch nur ein *Knock out*. Auf jeden Fall sollte man die Dinge nicht zu ernst nehmen.

Umweltverschmutzung, Kinderarmut und Krieg? Na und? Lachen Sie darüber! Wem hilft es, wenn Sie sich grämen? Wenn Sie wollen, engagieren Sie sich für eine gute Sache, aber lachen Sie doch bitte darüber! Wir sind solche Narren! Glauben Sie ihre Angst, ihr Zorn oder ihre Trauer würden auch nur irgendetwas helfen? Na also! Seien Sie es sich Wert, sich am eigenen Leben zu erfreuen. Übernehmen Sie die Verantwortung für Ihre eigenen Gefühle. Mehr können Sie ohnehin nicht tun! Wir leben in einer perfekten Welt und sehen nichts als Elend. Ist dies nicht lustig?

Zweite Ebene oder EBENE DER ANDEUTUNGEN ODER AUSFLOCKUNGEN

Wenn auch das Gesetz der Einheit, des Bewusstseins und der Energie das einzige mögliche Gesetz auf der einzig wahren Wirkungsebene ist, so schließt sich dennoch an diese Ebene eine zweite an, in welcher Zeit und Raum beginnen "auszuflocken", wenn auch zunächst noch in Form unförmiger und ungeformter Gefühle. Ich nenne diese Ebene die "Ebene der Andeutungen oder Ausflockungen". Sie ist ein Resultat ungebändigter, vitaler Kraft der ersten Ebene.

Vergleichen kann man diesen Vorgang des Ausflockens mit Wellen auf der Oberfläche eines Meeres, welche sich schäumend erheben (oder eben "ausflocken") und damit eine gewisse, wenn auch kurzfristige, Eigenständigkeit andeuten. Der Schaum, die Wellen und die Tropfen gehören zwar noch zum Meer, können aber bereits mit eigenen Namen benannt werden. Wir nennen sie "Schaum" und "Welle", weshalb ihnen eine eigene Identität zugesprochen werden kann. Sie würden in ihrer Ausdehnung und Dauer den beiden Gesetzmäßigkeiten der neuen Ebene entsprechen, den Gesetzen des Anfangs und der Holografie - eigenständig und doch der Einheit zugehörend, kurzweilig im Vergleich mit dieser. Das Meer selbst wäre in unserer Metapher das Urbewusstsein der obersten Ebene. Es bleibt letztlich unberührt von aller Ausflockung. Und doch wird hier eine erste Illusion von Raum und Zeit kreiert!

> Auf der zweiten Wirkungsebene deutet sich das Entstehen oder besser gesagt die Möglichkeit einer Illusion eines Raum-Zeit-Kontinuums erstmals an. Diese Ebene der Andeutungen und Ausflockungen ist zwar bereits von der obersten Ebene der Einheit unterscheidbar, aber noch immer mit jener verbunden! Die beiden Gesetze dieser Daseinsstufe sind das Gesetz des Anfangs und das Gesetz der Holographie.

2. Das Gesetz des Anfangs
Das Gesetz lautet: Im Anfang ist bereits alles enthalten!

Im Anfang ist schon alles enthalten. Der Anfang war Einheit. In dieser Einheit waren bereits alle Ideen, alle Materie, alle Seelen, einfach alles enthalten. Wenn wir auf die Welt kommen, enthalten unsere Seelen schon alle gespeicherten Erfahrungen der vergangenen Leben. Im Augenblick unserer Geburt sind wir bereits perfekt. Das spätere Leben wird uns lediglich an jene Muster führen, die wir bereits bei unserer Geburt mitbrachten. Auch in diesem Moment ist alles vorhanden, was unser späteres Leben ausmachen wird. Der Anfang beinhaltet alles! Man kann es auch so sehen: Jeder Augenblick ist ein neuer Anfang. Wir können hier und jetzt anfangen, alles in unserem Leben zu verwirklichen, wovon wir jemals geträumt haben. Jeder Anfang ist Gegenwart und in jeder Gegenwart steckt ein neuer Anfang. Jetzt ist der Augenblick der Macht!

Das Gesetz vom Anfang gehört, entgegen seines Namens, erst an die zweite Position in der Hierarchie der von uns aufgezeigten Lebensgesetze, kann aber hier direkt nach dem

Gesetz der Einheit bestehen, denn noch ist alles immerwährende Gegenwart und bewusste Einheit. Die Illusion von Raum und Zeit mag zwar bereits ausflocken, ist aber noch immer fest mit dem Gesetz und dem Bewusstsein der Einheit verbunden. Dennoch gibt uns das Gesetz des Anfangs schon einen Hinweis auf die später vollständig einsetzende Täuschung über das Wesen der Zeit, denn wo ein Anfang ist, sollte auch eine Entwicklung stattfinden und möglicherweise ein Ende absehbar sein. Noch aber ist aller Anfang einfach und liegt unmittelbar vor uns. Im Tarot entspricht dies der Karte des Narren. Wir selbst sind es, die sich im Anfang verbergen!

Die Anwendungen des Gesetzes vom Anfang
Wenn wir bei einem Menschen regelmäßiges Fehlverhalten feststellen; beispielsweise, dass er ständig klaut, so kann man durch eine Rückführung in den Geburtsvorgang (beispielsweise während einer Reinkarnationstherapie) vielleicht erkennen, dass der Mensch als Seele schon damals - vielleicht aus Misstrauen - nicht in die Welt wollte. Die Geburt musste möglicherweise künstlich eingeleitet werden. Das Neugeborene hatte kein Vertrauen. Als Kind wurde es früh der Mutterbrust entwöhnt. Sein Urvertrauen ist mangelhaft. Aufgrund dieser Angst, dass nicht für ihn gesorgt wird, fing er früh an, sich Dinge unrechtmäßig anzueignen. Das Fehlverhalten wuchs sich zur Kleptomanie aus. Dahinter aber steht einzig die Furcht, nicht genug zu bekommen, zu kurz zu kommen, möglicherweise sogar zu verhungern, so irreal dies in unserer gesättigten, westlichen Welt auch sein mag.

Geht man nun noch tiefer in die Rückführung hinein, durch den Geburtskanal hindurch, so wird man mit Sicherheit auch bei den vergangenen Leben mindestens eines finden, in welchem dieser Mensch wirklich an Hunger starb und welches noch nicht erlöst wurde.

Meistens wird es bei diesem einen Leben nicht bleiben. Leben für Leben wurde nicht ausreichend für diesen Menschen gesorgt und mehrere Male starb er deshalb an Hunger. Viele Lebensgesetze, die wie später noch kennen lernen werden, wie beispielsweise auch das Gesetz der Resonanzfelder oder das Gesetz der Reihe, greifen hier ineinander.

Sollten Sie nicht an Reinkarnation glauben (mir persönlich ist dies egal), so dürfen Sie doch zunächst erkennen, dass Ihre spätere Lebensproblematik (so überhaupt vorhanden) bereits bei Ihrer Geburt voll entfaltet war. Es sei denn, es lässt sich direkt in diesem Leben ein erstmaliger Auslöser finden, was aber eher unwahrscheinlich ist, denn meiner Erkenntnis nach bringen wir das allermeiste, was uns in diesem Leben zustößt, als Karma, Muster oder Veranlagung bereits mit in die Welt! Oftmals ist genau dies sogar unser Urschmerz. Dinge geschehen einfach, doch wirklich Neues geschieht selten!

Das aktuelle Problem der Kleptomanie unseres Beispiels lässt sich nunmehr hervorragend durch Rückversetzung in den Geburtsvorgang lösen, indem man dem Klienten deutlich macht, wie sehr er/sie geliebt und gewollt wurde, also durch Löschung falscher Glaubensmuster des Nichtgewolltseins, Unvollständigseins oder dass nicht für alles Sorge getragen würde.

Oder aber wir löschen die Problematik direkt in einem der prägenden Hungerleben, indem wir uns dieses (in einer Seelenrückführung) anschauen, uns und den anderen verzeihen, dass es hierzu kommen konnte. So kann es uns gelingen, das vergangene Leben in unser heutiges Dasein zurück zu integrieren und letztendlich die - möglicherweise seit Urzeiten wirkende - Problematik erlösen. War dies die zugrundeliegende Tiefenursache der Klausucht und geschieht es genau so, wie hier beschrieben, so wird unser Mensch in seinem Leben keine einzige weitere Sache mehr stehlen! Ein geschulter Reinkarnationstherapeut sollte hiermit keinerlei Probleme haben!

Auf die oben beschriebenen Weisen also kann das Gesetz vom Anfang positiven oder negativen Einfluss in unserem Leben ausüben und zum wiederkehrenden Fluch oder bleibenden Segen werden. Zumindest solange, bis wir im Hier und Jetzt der Gegenwart, unserem immerwährenden Augenblick der Macht - durch Eigenverantwortung - selbst unser Schicksal in die Hand nehmen und zum Guten wenden! Es liegt an uns, ob wir das Gesetz des Anfangs annehmen und ins Positive verkehren, vielleicht sogar eine glückliche Reihe daraus machen, oder aber ob wir am eigenen Schicksal verzweifeln. Der Schlüssel hierzu ist die Übernahme von Eigenverantwortung für alles, was uns zustößt! Übernehmen Sie also die bedingungslose Eigenverantwortung für alles, was Ihnen zustößt und werden Sie so zum Herren/ der Herrin über Ihr eigenes Schicksal!

Merke: Im Augenblick unserer Geburt sind alle Vorleben und insbesondere alle hierbei prägenden Gefühle bereits in unserer Seele enthalten. Unsere wesentlichen Lebenslinien sind auch in dieser Inkarnation bereits vorgezeichnet. Letztendlich ist in jedem Augenblick, also auch in diesem, unser gesamtes Leben enthalten. Ein riesengroßer Segen, wie wir meinen, birgt doch die Übernahme von Verantwortung fürs eigene Wohlergehen jederzeit die Möglichkeit von einem Wimpernschlag auf den nächsten unser gesamtes Schicksal herumzureißen und endlich nach unseren Vorstellungen abzuändern! Die Welt, unsere Welt, existiert aus dem Gefühl heraus, aus Wille und Vorstellung. Es liegt in unserer Macht sie nach eigenem Gutdünken zu gestalten! Es liegt an uns! Es liegt an Ihnen! Erwachen Sie!

Das Gesetz des Anfangs geht an dieser Stelle bereits in das Gesetz der Holographie über, dem zweiten Gesetz dieser zweiten Ebene.

3. Das Gesetz der Holographie
Das Gesetz lautet: Alles ist in allem!
Das Größte ist im Kleinsten! Das Kleinste ist im Größten!

Mit dem Gesetz vom Anfang verwandt ist das Gesetz der Holographie. Es sagt aus, dass überall alles enthalten ist. Alles ist in allem! Das All ist in allem und alles ist im All! Nicht nur enthält dieser Moment alle Erfahrungen der Vergangenheit, auch in jedem Atom ist das gesamte Universum gespeichert. Natürlich enthält auch umgekehrt das Universum alle Atome. Das Kleinste ist also im Größten und das Größte (hier: Universum) im Kleinsten (hier: Atom). Wissenschaftler sprechen hierbei von *Holonen*. Es ist dies ein Naturgesetz! Das Gesetz der Holographie wird so zur örtlich-dingliche Ergänzung des temporalen Gesetzes vom Anfang. Beiden Gesetzen liegt immer auch Bewusstsein und Information zugrunde. Bewusstsein, Schwingung und Information. Hieraus besteht unser Universum.

Wenn Raum und Zeit auf dieser zweiten Ebene der Lebensgesetze noch bloße Fiktionen sind, was ist dann aber jenes <<alles>>, was in <<allem>> enthalten ist? Nun, dieses <<alles in allem>> ist alles, was es gibt, also in erster Linie Information (eine Form von Energie), Licht und Bewusstsein. Als seine Trägersubstanz hat die Wissenschaft meines Wissens mittlerweile Lichtphotonen ausmachen können. Auch wir bestehen hieraus! Ist es nicht wunderbar: Sie sind reines Licht, mein Herr, meine Dame.

Licht und Information.
Energie und Bewusstsein.
Alles in Schwingung.
Mehr gibt es nicht!

Auf der Ebene der Andeutungen kann ich Ihnen hiermit folgende vielleicht wertvolle Informationen über Sie selbst mitteilen: Zum einen waren Sie schon immer da, also schon lange vor Ihrer jetzigen Geburt; zum anderen werden Sie immer sein, also weit über Ihren Tod hinaus existieren. Ist dies ein Paradox? Sind Leben und Tod keine Gegensätze? Ich glaube nicht! Es geht immer weiter! Sehen Sie also zu, dass Sie Frieden mit sich selbst schließen, damit diese Erkenntnis Ihnen Anlass zur Freude gibt und nicht zur Beunruhigung! Selbstmord ist zwecklos! Treten Sie also ein! Erwachen Sie vollständig! Wie sagte Hermann Hesse: "Eintritt kostet den Verstand!" Aber sei es drum. Was wiegt den mehr? Verstand oder Verständnis? Bekanntheit oder Erkenntnis? Beleuchtung oder Erleuchtung? Was sind Ihre Prioritäten in diesem Leben? Entscheiden Sie sich für das, was Ihnen wichtig ist und leben Sie danach! Keine lauwarmen Kompromisse mehr! Wir sind solche Narren!

Auch ohne die Kenntnis weiterer Gesetze kann man auf dieser zweiten Ebene erkennen, dass wir sowohl zeitlich als auch räumlich und vor allem als Information und Bewusstsein immer weiter existieren werden. Jede Todesangst sollte sich so aushalten lassen. Es sei denn, Sie hätten Angst, dass nach dem Tod eben nicht Schluss ist, weil sich schlechtes

Karma befürchten. Dann haben Sie Arbeit vor sich, denn es gibt keinen Tod im herkömmlichen Sinn, nur Übergänge verschiedener Art. Sie werden also in jedem Fall das ernten, was Sie zuvor gesäht haben. Der Tod ist nichts als ein Tor, die Transformation von einem Stadium in ein anderes. Es gibt keine Abkürzung und kein Flucht. Seien Sie einfach glücklich, mit dem was ist, sonst würden Sie das Tor zur Torheit machen. Einzig der Weg des Herzens kann zum Weg des Erfolges werden! Alles andere ist Zeitverschwendung. Lieben Sie, lieben Sie, lieben Sie - sich selbst und alles andere! Was wollen Sie sonst schon Sinnvolles tun?

Zusammenfassung: Nach dem Gesetz der Holographie ist also <<alles in allem>> enthalten oder doch zumindest die Information davon, was soviel bedeutet, dass selbst, sollten Sie in dieser Inkarnation irgendwann einmal sterben, wovon ich im Übrigen ausgehe, doch Ihre Information, also die Erinnerung an Sie, in allem fortbestehen wird. Sie ist es auch, Ihre Erinnerung oder Ihr angesammeltes Karma, was Sie auf Ihrem weiteren Weg durch neue Inkarnation begleiten wird. Haben Sie sich erst einmal aus der Einheit abgespalten, wird das Entkommen hieraus immer schwieriger! Gestalten Sie sich daher ein angenehmes Leben uns seien Sie freundlich auch zu anderen!

Vorausgesetzt, dass Sie wie die meisten Menschen gerne am Leben sind, bedeutet das Gesetz der Holographie für ihr konkretes Leben, dass Sie sich im Prinzip einfach zurücklegen können. Sie müssen wirklich nichts leisten, um geliebt zu werden oder in Erinnerung zu bleiben! Tun Sie einfach das, was Ihnen Spaß bereitet! Dies ist übrigens oftmals genau das, was Sie besonders gut können! Es ist das Beste, was Sie tun können! Hören Sie auf Ihr Herz und Ihre Intuition!

Auch im Hinblick auf meine eigene nun langsam ausflockende Biographie bedeutet dies, dass es mich schon immer gegeben hat und ich unvergessen in allem fortleben werde (genau wie Sie). Sie sehen schon, wie ähnlich wir uns Wirklichkeit sind! Nichts wird die wahre, universelle Seele eines Menschen je brechen können! Lassen Sie uns deshalb freundlich und humorvoll einander begegnen!

Dritte Ebene oder EBENE DER KONKRETISIERUNGEN oder EBENE DES GEISTES

Während wir auf der zweiten Ebene der Andeutungen oder Ausflockungen noch von einem gewissen Realitätsgehalt, einer Anbindung an die höchste und letztlich einzige Wirkungsebene der Einheit sprechen können, haben wir es auf der nun folgenden "Ebene der Konkretisierungen" bereits vollständig mit Projektionen zu tun - lediglich Projektionen unseres und des universellen Geistes.

4. Das Gesetz des Werdens
Das Gesetz lautet: Aus der Einheit entspringen die Gedanken! Die Gedanken formen die materielle Welt! Die materielle Welt ist eine Projektion der Einheit!

Auf die drei Gesetze der Einheit, vom Anfang und der Holographie folgt allmählich das Gesetz des Werdens: Aus der Einheit entspringen die Gedanken. Hierüber sind sich alle Religionen und mittlerweile wohl auch die modernen Wissenschaften einig. Die Gedanken entstammen dem Bewusstsein. Dieses aber ist Einheit. Aus dem einheitlichen Bewusstsein strömt die Energie der Gedanken. Gemeinsam mit ihren "älteren Geschwistern", den Gefühlen, welche ebenfalls aus der Einheit stammen, formen diese ununterbrochen die materielle Welt. Wir wissen spätestens seit Albert Einstein, dass Energie und Materie austauschbar sind. Dies ist es, was beim Entstehen der materiellen Welt geschieht: Gedankenenergie wird in Materie umgesetzt. Materie entsteht ununterbrochen aus den ausflockenden Gefühlen und den dem Kosmos entströmenden Gedanken. Wir nennen dies Schöpfungsprozess oder Schöpfung. Es ist dies übrigens unsere ganz persönliche Schöpfung! Die entstehenden Dinge erscheinen uns oberflächlich betrachtet zwar getrennt voneinander und abgespalten vom Urgrund, dem ICH BIN. Sie sind hingegen nicht wirklich getrennt von der bewussten Einheit des Kosmos. Die Schöpfung, das Geschaffene, ist ein Teil von ihr, ein Teil des Kosmos, ein Teil von uns, ein Teil von Ihnen.

Materie ist lediglich langsam schwingende Energie. Sie ist bewusst wie jene, wenn auch auf einer etwas trägeren Stufe. Je schneller Energie schwingt, desto höher und lichter ist ihr Bewusstseinsgrad. Materie ist also in etwa so etwas wie verdunkelte, erkaltete, verlangsamte und verdichtete Gedanken. Sie bleibt allerdings, dies besagt das Gesetz der Einheit, unwiederbringlich mit der Energie und dem Bewusstsein des Kosmos verbunden. Alles andere entspricht einer noch immer vorherrschenden Bewusstseinstäuschung.

Das Gesetz des Werdens drückt demnach aus, dass die Projektionen unserer materiellen Welt Teile der ursprünglichen Einheit sind. Sie sind real und sind es doch nicht. Vielleicht werden sie auch einfach nur jedem Moment auf Neue geschaffen, so wie ein Kinofilm lediglich durch eine schnelle Abfolge wechselnder Bilder immer wieder neu erzeugt wird.

Würde man die Gedanken, die Projektionen der Einheit, auch nur einen einzigen Moment anhalten, würde man erkennen, dass alles nur eine Illusion ist, die sich Augenblick für Augenblick erneut selbst erzeugt. Dadurch wirkt (und wird) sie real und ist es doch nicht. Ein Mysterium verbleibt, was letztlich nicht in Worte gefasst werden kann. Die Gesetze der Illusion wurden geboren und erlöschen erst, wenn der Filmprojektor abgeschaltet wird, denn dann werden wir uns an die Realität erinnern. Alles, was uns bewegte, waren in Wirklichkeit nur zweidimensionale aufeinanderfolgende Bilder. Erst wenn wir uns hiermit zu identifizieren beginnen, entstehen Sucht und Leid in dieser Welt. Auch Eifersucht und Leidenschaft.

Die von uns normalerweise wahrgenommene "Welt" ist hiermit zu vergleichen. Sie besteht zwar aus drei- bzw., wenn man die Zeitillusion berücksichtigt, vierdimensionalen aufeinanderfolgenden Projektionen, dies ist aber auch schon fast der einzige Unterschied zu einem guten Kinofilm! Sobald wir erwachen, werden wir erkennen, dass all dies lediglich Projektionen unseres eigenen Bewusstseins waren, bar jeder wirklichen Existenz oder tieferen Realität. Vorübergehende Schatten vielleicht.

Ein zweiter Unterschied zwischen unserem Leben und einer Lichtspielvorführung ist jener, dass wir auf unserem Lebensweg sowohl als Schauspieler, als auch als Regisseur fungieren. Den Schauspieler aber gibt es nicht wirklich. Er ist jene Täuschung, mit welcher wir uns normalerweise identifizieren. Lediglich der Regisseur hält einer gründlicheren Untersuchung stand: Es ist unser eigenes Bewusstsein! Sie selbst sind es, der alles, aber auch alles, bestimmt, was Sie im Leben vorzufinden glauben. Es ist Ihr Bewusstsein. Jeder hat hierbei seinen ganz persönlichen Film. Sobald wir erwachen, werden wir dies erkennen. Solange aber können wir uns das Leben zum "Himmel" oder zur "Hölle" machen, denn wir sind Schauspieler, Projektor, Leinwand und Regisseur im eigenen Film! Alles in einem! Beschweren Sie sich also nicht über Ihr Schicksal! Sie selbst und einzig Sie selbst sind verantwortlich hierfür!

Mancheiner erwacht bereits in diesem Leben! Oftmals der Gestrauchelte vor dem Erfolgreichen! Oftmals der Verlierer vor dem Sieger! Der Unterdrückte vor dem Unterdrücker! Warum dies so ist? In der Bergpredigt steht: Die Letzten werden die Ersten sein und der Reiche passe nicht durchs Nadelöhr. Vielleicht ist die wahre Erkenntnis des Seins einem Nadelöhr zu vergleichen, durch welches nur ein Gescheiterter passt? Zu guter Letzt sind wir doch alle gleich: Erst die Ent-täuschung führt zur Einsicht. Davor sind wir noch geblendet und glauben dem Glanz der Lichter, ohne deren Quelle zu erkennen. ICH BIN es!

5. Die Gesetze der Illusion (Gesetze der Maya)

Die nun folgenden und teilweise bereits vorweggenommenen Gesetze der Illusion hängen eng mit dem Gesetz des Werdens zusammen. Während dem Gesetz des Werdens die Tendenz innewohnt, die Projektionen des universellen Geistes als real zu betrachten, besteht das erste Gesetz der Illusion darauf, dass es sich um nichts anderes als *Maya*, d.h. Täuschungen des Bewusstseins, handelt. *Maya* ist die indische Göttin der Täuschung und wird mit der Täuschung-an-sich gleichgesetzt.

Das zweite und dritte Gesetz der Illusion versuchen diesem kosmischen Schauspiel einen Sinn abzugewinnen, der unser Dasein in der materiellen Welt nicht ganz und gar trag-isch erscheinen lässt, sondern es im Gegenteil etwas er-träg-licher macht. Sie verschaffen uns einen gewissen Handlungsspielraum und eine mögliche Aufgabe, nämlich die der Heilung und damit der Heimkehr in die Göttliche Einheit. Die Auf-gabe der Täuschung wird zum Ziel! In Wirklichkeit ist diese Auf-gabe eine Gabe, eine Gnade der Erkenntnis.

Das erste Gesetz der Illusion lautet: Illusion täuscht die Existenz von Raum und Zeit vor ebenso wie eine Trennung von Subjekt und Objekt.

Das zweite Gesetz der Illusion lautet: Illusion ist notwendig, um Bewusstseinswachstum zu ermöglichen! Andererseits entsteht hieraus Leid!

Das dritte Gesetz der Illusion lautet: Durch die Überwindung von Illusion findet Heilung statt!

Die Gesetze der Illusion sorgen dafür, dass wir in den meisten Fällen nicht erkennen, dass Materie lediglich erkaltete Energie ist oder besser ausgedrückt: Projektion unseres allumfassenden Bewusstseins aus reiner Energie. Die Gesetze der Illusion verleiten uns dazu, dass sich vor unseren Augen offenbarende kosmische Schauspiel als real zu betrachten. In Wirklichkeit aber ist es nichts weiter als eben das: Ein Schauspiel. Fällt der Vorhang, werden wir uns unserer eigenen Person wieder bewusst, die eins ist mit allem - immer und über-all.

Ende des Schauspiels = Erinnerung an die Wirklichkeit.
Ende der Illusion = Ende der Täuschung.

Das erste Gesetz der Illusion führt aus, dass uns die als Göttin *Maya* personifizierte Täuschung, eine Trennung zwischen Subjekt und Objekt vorführt, die es in Wirklichkeit so gar nicht gibt, da wir durch das Gesetz der Einheit für immer mit allem untrennbar verbunden sind. Auch Zeit und Raum sind nichts anderes als geschickte Illusionen, die uns unsere Wahrnehmung vorgaukelt. In Wirklichkeit gibt es weder Zeit noch Raum! *Wie sehr ich mir wünschte, dass Sie dies verstehen! Vielleicht verstehen Sie es dann, wenn ich selbst es verstanden habe? Der Narr, das bin ich selbst!*

Das zweite Gesetz der Illusion erkennt andererseits folgerichtig, dass diese Illusionen notwendig zu sein scheinen, weil nur sie uns Wachstum ermöglichen. Würden wir immer im Urzustand ungetrübten Bewusstseins verharren, gäbe es keine Entwicklung mehr. Alles stünde still. Ohne Illusion wüssten wir bereits alles, wären erleuchtet und könnten nicht weiter wachsen. So aber wächst das Bewusstsein (wenn auch nur quantitativ). Das heißt: die Einheit wächst und mit ihr die Gottheit! Dennoch ist eine Folge der Täuschung über unsere wahre Existenz als reines Bewusstsein, dass wir uns nicht mehr vollständig (eins) fühlen, sondern abgetrennt von der Einheit. Hieraus wiederum erwachsen Einsamkeit und Zweifel. Leid entsteht! Wir glauben emotionalen, geistigen oder seelischen Schmerz zu erfahren und leiden.

An dieser Stelle nun kommt das dritte Gesetz der Illusion zum Tragen, welches auf die Überwindung des Leides durch Überwindung der Bewusstseinstäuschung über unser wahres Selbst hinweist. Durch die Überwindung der Illusion, wir wären getrennt vom Rest der Schöpfung, und der damit gewonnen Erkenntnis, dass alles eins und heil ist, werden auch wir wieder heil. Wir erkennen, dass es in Wirklichkeit überhaupt keine Trennung und auch kein Leid gibt und die Schöpfung einfach nur ist, wie sie ist, nämlich gut.

Es ist wie es ist und alles ist gut, nämlich Liebe, Licht und Energie oder anders ausgedrückt: **sat, chit, ananda,** also Unsterblichkeit, Bewusstsein und Glückseligkeit!

Auf der Ebene der Konkretisierungen entsteht/entstand also endgültig eine Täuschung über die Welt, das Universum, die Galaxien, die Himmelskörper, Sterne und Planeten, von uns getrennte Menschen, Tiere, Pflanzen, Steine sowie die Täuschung über Organe, Zellen, Moleküle, Atome, Quanten und dergleichen mehr. In Wirklichkeit gibt es all diese Dinge nicht! Sie sind nichts weiter als reine, von uns selbst geschaffene Illusionen! Selbst Sie, ich und Mutter Erde! Es gibt uns nicht wirklich, außer als Projektion unserer Gefühle und Gedanken.

Wenn es für Sie einfacher fällt zu begreifen, können Sie sich die Erde und alles Dasein auch als "kurzfristige Ausflockungen" vorstellen. Diese Ansicht ist möglicherweise etwas lebenspraktischer und meines Erachtens ebenso richtig. Man muss diesen Dingen dann nicht gänzlich eine eigene Existenz absprechen, wenn man sie doch zugleich auch schon stark relativiert und sie so in ihrer "kosmischen Wichtigkeit" mindert. Alles, ob Erde, Mensch oder Geist, kann als morphologisches Feld verstanden werden, alles in endlosem Tanz miteinander verschlungen: Eins! Etwas anderes gibt es nicht. Es gibt keine zwei, kein drei oder vier... Das sind Narrenspiele!

Aus der Täuschung über eine existierende Erde entstand ferner die Täuschung über das, was die Wissenschaft lange Leben nannte, ohne zu erkennen, dass selbst in der Illusion noch immer alles belebt ist. (Ich werde darauf beim nächsten Gesetz, dem Gesetz der Seele, zu sprechen kommen.) Aus der Täuschung über die begrenzte Sicht vom Leben entstand die Täuschung über die Geschichte der Menschheit sowie aus deren Geschichte, die Täuschung über Kultur und Zivilisation, ja die Täuschung über unsere eigene Existenz, die wir uns abgetrennt vom alleinen Tao, dem ICH BIN, dem Urbewusstsein der obersten, einzig wirklichen Ebene wahrnehmen. Und doch gibt es nichts anderes!

Wie singt Manu Chao, der Sänger meiner gleichlautenden Lieblingsband, so schön: "Todo es mentira en este mundo. Todo es mentira la verdad. Mentira la mentira, mentira la verdad." Also übersetzt in etwa: "Alles in dieser Welt ist Lüge. Die Wahrheit ist eine Lüge und die Lüge selbst ist ebenfalls Lüge." So, da haben wir also das Schlamassel. Wenn dies wirklich so ist, wie es Manu Chao hier intuitiv zum Ausdruck bringt, was können wir dann noch glauben? Alles? Oder nichts? Es liegt an Ihnen: Sie entscheiden!

Fassen wir noch einmal zusammen: Bereits auf der dritten universellen Wirkebene ist *Maya*, die Göttin der Täuschung, als Täuschung selbst, unwiederbringlich mit der belebten Welt, so wie wir sie kennen, verbunden. *Maya* durchdringt die Schöpfung und ist nunmehr nur durch konsequente Selbsterforschung verbunden mit einem disziplinierten Studium vorrangiger Naturgesetze zu erkennen. Nur so gelingt es uns, deren Schleier auch wieder zu lüften. Schleier, mit denen die Göttin der Täuschung selbst über die Täuschung täuscht. Was uns heute noch real erscheint, wird morgen schon als Illusion und Trug entlarvt. Nur durch wiederholte Ent-täuschung gelingt es uns jetzt noch, einen Schimmer der zugrundeliegenden Wahrheit zu erhaschen.

Das Schicksal nahm also seinen Anfang und durch die den Dingen immanente Täuschung verstricken wir uns tiefer und tiefer in dessen Klauen und Schleiern. Eine Inkarnation folgt der anderen und nur langsam gelingt es uns wieder den Berg an angehäuftem Karma abzutragen, indem wir konsequent die Wahrheit hinter allem Schein erkunden. Kein einfaches Geschäft!

Als Vater kann ich beispielsweise sagen, dass auch Vaterschaft und Kinder, obwohl die stärksten und glücklichsten Gefühle auslösend, die ein Mann zu empfinden in der Lage ist, nichts als Täuschung sind. Es gibt sie nicht! Und dennoch glauben wir, es wäre so. Hieraus entsteht Leid. Der eingebildete Vater leidet, weil er seine Kinder nur noch selten sehen darf und die Kinder, nun, sie erfahren Trennung, Scheidung, Prestigeverlust und wer weiß, inneren Schmerz und Traumata, die es später wieder aufzuarbeiten gilt. Aufarbeitung und Heilung wiederum erfolgen am wirkungsvollsten über die Einsicht, in die einzige Wahrheit, dass es all dies nicht gibt: Es gibt keine Eltern, keine Scheidung, kein Verlust, keine Trennung, keine Traumata und kein Leid. Auch keine Wirkebenen oder Schicksalsgesetze. (Alles nur Erfindung!) Wir alle sind eins, immerwährend; heil und rein. Es ist wie in einem schlechten Film, der irgendwann zu Ende geht! Draußen scheint die Sonne, die Ereignisse des Films waren alle nicht real, es waren Bilder auf Zelluloid, keine echten Personen, keine echten Gefühle, nur Schauspieler eines Schauspiels. Manche Szenen mögen ja auch gut sein, dafür sind andere kaum zu ertragen. Am Ende aber bleiben sie, was sie sind: Schlichte Projektionen einer höheren Wirk-lichkeit!

Kommen wir nun an dieser Stelle nochmals zu einem der wichtigsten und häufig missverstandenen Punkte überhaupt: Was ist, wenn Sie das Schicksal mit harter Hand anfasste? Sie haben beispielsweise Krebs in jungen Jahren, wurden vergewaltigt, vertrieben, Ihr einziges Kind ist verunglückt, Sie haben den Tod einer geliebten Person zu verantworten, Sie wurden gefoltert, Ihre Familie leidet Hunger oder noch Schlimmeres. Was also dann? Reicht es zu sagen, dies alles sei nichts als bloße Illusion? Jein! Zum einen brauchen Sie professionelle Betreuung, so das Schicksal gnädig genug war, Sie in einem Land aufwachsen zu lassen, wo derartige Hilfe möglich ist. (Vielen Menschen weltweit ist dies nicht gegeben.) Zum anderen greift aber auch in diesen Fällen unserer Philosophie, denn so hart es auch klingen mag:

1. Auf den Ebenen des Karmas (hierzu später mehr), tragen Sie durchaus Ihren Teil der Verantwortung bei diesen schrecklichen Geschehnissen. Nur durch die Übernahme der vollen Eigenverantwortung wird es Ihnen daher gelingen, diesen Kreislauf zu durchbrechen und selbst Sorge dafür zu tragen, dass Vergleichbares in Ihrem Leben nie mehr geschehen wird!

2. Auch Sie werden eines Tages, sei es in diesem oder späteren Leben, Trost und Heilung für alle erlittenen physischen, emotionalen, mentalen oder seelisch-spirituellen Schmerzen erfahren (Gesetz der Heilung)!

3. Darüber hinaus werden auch Sie eines Tages erkennen, dass dies alles, was Ihnen jetzt so schmerzhaft und real vorkommt, im Lichte höherer Erkenntnis betrachtet, nichts als not-wendige, wenn auch ephimere (vorübergehende) Irrungen waren, ohne weitere Bewandtnis für das Wohlergehen Ihrer Seele, Ihres Höheren Selbstes oder des ICH BIN!

Ich verstehe Ihren Schmerz (so gut es mir eben gelingt) und wünsche Ihnen aus tiefstem Herzen Trost und Heilung; bitte versuchen auch Sie zu verstehen, dass hinter jedem Schatten ein Licht steht, welches den Schatten überhaupt erst hervorbringt! Geben Sie sich und Ihre Seele bitte nie auf. Kämpfen Sie, wenn es nicht anders geht. Erwachen Sie!

4. Neben den Gesetzen des Werdens und jenen der Illusion gibt es auf dieser erreichten dritten "Ebene des Geistes" auch noch ein abschließendes drittes Gesetz, welches ich im Folgenden einfach nur Gesetz des Göttlichen Plans oder Gesetz der Kreation nennen werde.

6. Das Gesetz des Göttlichen Plans oder der Kreation
Das Gesetz lautet: Es gibt einen Göttlichen Plan!

Anders als viele behaupten, geschehen die Dinge nicht einfach zufällig, sondern planmäßig, mit Verstand. Eine höhere Macht ist am Wirken, die wir hier - mangels eines besseren Terminus - einfach Gottheit nennen. Das Gesetz indes, auch Gesetz der Kreation genannt, lässt sich anhand verschiedener Beispiele recht einfach beweisen.

Die These: Dinge geschehen nicht einfach sinnlos, sondern mit Geschmack und Verstand. Wir sprechen dabei von einem Göttlichen Plan, der Schönheit (Ästhetik) und Wirksamkeit (Effizienz) zum Anliegen hat bzw. zum Ausdruck bringt.

Als Beispiele für die **Schönheit** der Natur mögen der Sonnenuntergang hinter den sieben Bergketten, der von Morgentau beträufelte Weinstock oder das in leichtem Winde wehende Haar der Geliebten Pate stehen. Ästhetik also auf höchstem Niveau, wie sie kein menschliches Wesen zu schaffen in der Lage wäre.

Beispiele für **Effizienz** in der Schöpfung finden sich in allen Naturwissenschaften zuhauf: Mit kleinsten Einsatz wird oftmals größte Wirkung erzielt. Dass in der Natur andererseits auch Üppigkeit und Verschwendung ihren Ausdruck finden, soll uns hier nicht weiter stören. Fakt bleibt, dass dem Ganzen ein gewisser Vielfalts- und Entwicklungsplan unterlegt wurde, ohne den sich die Schönheit und Weisheit der Natur so nicht hätten entfalten können. Sie glauben nicht, dass der aus Bauklötzen gestapelte Turm des Kleinkindes zufällig zustande kommen kann. Wie also sollten dies die um ein Vielfaches komplizierteren Erscheinungsformen der uns umgebenden Natur, läge nicht ein Plan zugrunde?

Anders ausgedrückt: Die dem Ur-Kosmos, der Matrix, entweichenden Gefühle und entströmenden Gedanken, welche unser Universum formen und Teil von ihr sind, unterliegen weder dem Chaos, noch sind sie zufällig, sondern zielgerichtete Absicht steckt dahinter, weshalb ich hier von einem "Göttlichen Plan" spreche, eine Ausdrucksweise die die Existenz einer Gottheit impliziert.

In der praktischen Anwendung können wir aus der Erkenntnis des Gesetzes der (planvollen) Kreation große Seelenstärke entnehmen, denn es wird gesorgt! Eine wohlwollende, liebende, höhere Macht steht am Ruder und wird uns und alles dereinst wieder in den sicheren Hafen geleiten (Gesetz der Rückkehr), wenn dieser Hafen (ebenso wie der Weg dorthin) manchmal vielleicht auch anders aussehen mag, als wir ihn uns vorstellen.

Sie dürfen natürlich, wenn Sie die Dinge bis zu Ende denken, diese Gottheit oder Ur-Macht auch in sich selbst erkennen, denn einen vom Universum losgelösten Gott gibt es meiner Erkenntnis nach nicht. Letztlich sind die Gottheit, ihr Plan und der Kosmos eins. Sie sind Vater, Sohn und Heiliger Geist zugleich, ebenso wie sie die Mutter, Tochter und das Heilige Gefühl in einem sind. Sie sind es! ICH BIN es! ICH BIN ICH BIN ICH BIN !!!

Fazit: Die Gottheit ist in allem (Universum) und wirkt in allem (Kosmos)! Es gibt keine Trennung! Dort, wo Trennung scheinbar erfahren wird, ist dies Teil eines größeren Planes, um Lern- und Erfahrungsmöglichkeiten zu schaffen. In unseren Inkarnationen erfahren wir uns lediglich selbst und lernen so allmählich unser volles Potential zu begreifen und zu entfalten. Dieses Potential ist nichts anderes als der Göttliche Urgrund des ICH BIN! Für alle und alles ist gesorgt! Vertrauen deshalb auch Sie!

Vierte Ebene oder EBENE DES UNIVERSUMS

Wie alles Sein - als Dasein, Ideen, Materie oder bloßer Schein - haben nun auch wir die geistige Wirkungsebene der Konkretisierungen durchschritten, an deren Ende sich uns das von uns als real existierend wahrgenommene Universum offenbart: Ein Raum-Zeit-Kontinuum, wie wir es in uns fühlen, denken, wahrnehmen und täglich erfahren, mit all seinem Glanz und seinem Schrecken. Der Weg dorthin wird zum Ziel. Das Ziel wird zum Weg und wir vergessen, dass es in Wirklichkeit weder Ziel noch Weg gibt, sondern nur Einheit. Es gibt dieses gesamte, bombastische Weltall überhaupt nicht, keine Galaxien, keine Sterne, keine Erde, kein getrenntes Leben, kein Nichts. Aber auf dieser Daseinsstufe haben wir, so tragisch es auch scheinen mag, die Wahrheit allen Seins bereits vergessen. Das materielle Universum, welches lediglich eine Projektion unserer Gedanken und Gefühle ist, die alles errichten und aufrechterhalten, hat uns eingefangen.

Wie viele Tränen habe ich in meinem Leben ob der anhaltenden und nachhaltigen Zerstörung von Mutter Erde vergossen?! Ich war ein Narr und erlag einer bloßen Illusion. Es gibt diese Erde überhaupt nicht, ebensowenig wie irgendwelche anderen belebbaren Planeten, nach denen unserer Astrologen Ausschau halten. All dies besteht einzig in unserer eigenen Phantasie. Ich weinte lediglich, um mein eigenes schlechtes Gewissen zu betäuben. Habe ich damit irgend jemandem genutzt? Nein, ganz im Gegenteil, zur Last bin ich den anderen und meiner Mutter gefallen. Heißt das, dass ich jetzt damit beginnen werde, meinen Abfall aus dem Autofenster zu werfen? Nein, ich verhalte mich weiterhin so ökologisch wie nur irgend möglich, aber ich jammere nicht mehr und übernehme die Verantwortung für meine Gefühle, damit ich glücklich bin! Nur so gelingt es mir, das ganze Potential meiner Kraft abzurufen und für jene Dinge einzusetzen, die mir wichtig sind. Gaia macht hiervon keine Ausnahme!

Indem uns unsere Gefühle und Gedanken als menschliche Werkzeuge helfen, die wahre Wirklichkeit der ersten Wirkungsebene dereinst wieder zu erkennen, werden sie dieses gewaltige Raum-Zeit-Kontinuum oder materielle Weltall, welches sie erschufen, auch wieder vernichten. In Wirklichkeit hat es nie existiert: Es gibt nur Licht, Bewusstsein, Energie!

> Merke: Unseren eigenen Gedanken und ihren noch älteren Geschwistern, den Gefühlen, kommt wie den indischen Göttern Brahma, Vishnu und Shiva die dreifache Aufgabe zu, die Welt zu errichten, zu erhalten und dereinst auch wieder zu zerstören, damit ein Platz für neues Leben bereitet wird! Wer möchte sich dem entgegenstellen?

Wenn wir aber nun schon, durch die Illusion der dritten Wirkungsebene genährt, von der Existenz eines materiellen Universums ausgehen - und sei es auch nur als Arbeitshypothese - so sollten wir zumindest auf der vierten Ebene des Universums erkennen, dass auch dieses Kontinuum noch immer seinem Wesen nach wie die höchste Wirkebene schwingt: Erst allmählich konzipieren sich um bestimmte Kristallisationspunkte herum gruppierte, verdichtende Resonanzfelder.

Im Einklang mit der modernen Physik lassen sich auf der universellen Ebene folgende Feststellungen hinsichtlich unseres Universums treffen:

1) Seinem Wesen nach ist das Universum Schwingung!

2) Im schwingenden Universum formen sich bestimmte Energiecluster um Kristallisationspunkte herum zu sogenannten Resonanzfeldern!

3) Diese morphogenetischen, also gestaltbildenden Felder sind es, die den entscheidenden Einfluss auf alles Sein ausüben, da ja alles Sein selbst nichts anderes als Resonanzmuster und letztendlich Schwingung ist! Auch Information, Gefühle und Gedanken sind Schwingung!

4) Alles steht permanent mit allem in Kommunikation und Verbindung!

5) Diese Verbindung besteht unmittelbar und ist raumübergreifend, was soviel bedeutet, wie, dass alles mit allem über das gesamte Universum hinweg wie ein mehrdimensionales Spinnennetz gewebt und verbunden ist. Die Verbindung besteht zeitlich unmittelbar direkt!

6) Wegen dieser faszinierenden Eingenschaften sprechen wir auch von Hyperkommunikation!

7) Das "Spinnennetz" selbst wird oft auch als "Heilige Matrix", "Kosmos", "Tao", "Brahman" oder "Ginnungagap" bezeichnet! Der Name spielt keine Rolle.

8) Gewährleistet wird die Hyperkommunikation aller Resonanzfelder innerhalb der Matrix durch einen sogenannten Hyperraum!

9) Man kann sich dies auch durch die holographischen Eigenschaften des Universums bildlich machen, in welchem jedes Teilchen die Information aller anderer Teilchen bereits in sich trägt, wie wir es bereits im Gesetz der Holographie skizziert haben!

10) Alles im Universum ist zugleich Welle und Teilchen; dies gilt im Kleinen wie im Großen!

11) Die einzige Ausnahme hierzu sind die sogenannten Lichtphotonen, welche sich noch in der ursprünglichen Einheit, der Ebene der Einheit, des Bewusstseins und der Energie, befinden!

Schauen wir uns diese Punkte doch einmal im Einzelnen an:

a) Seinem Wesen nach ist das Universum Schwingung!

Hieran gibt es nichts zu rütteln. Die Mär eines statischen Universums sollte mittlerweile weitestgehend überwunden sein. Alles schwingt, singt und tanzt.

b) Im schwingenden Universum formen sich bestimmte Cluster zu sogenannten Resonanzfeldern! Diese morphogenetischen, also gestaltbildenden Felder sind es, die den entscheidenden Einfluss auf alles Sein ausüben, da ja alles Sein selbst nichts anderes als Resonanzmuster und letztendlich Schwingung ist!

Die morphogenetischen Resonanzfelder der Ausflockungen auf der zweiten Wirkebene bilden sich um sogenannte Kristallisationspunkte. Carlos Castanenda sprach von "Montagepunkten", welche jeweils dem Fokus unserer eigenen Wahrnehmung entsprechen. D.h.: Je nachdem, wo sich mein eigener Kristallisationspunkt (Atman) gerade befindet, wird sich meine persönliche Wahrnehmung von der Wahrnehmung anderer Wesen oder Resonanzfelder unterscheiden. So kommt es auch, dass verschiedene Menschen ein-und-dasselbe Sein unterschiedlich wahrnehmen und sogar im intellektuellen Austausch zu der Überzeugung gelangen, es gäbe verschiedene Realitäten. Dies ist aber nicht der Fall. Es gibt nur eine Wirklichkeit (Brahman)!

Zusammenfassung: Auch wenn es nur die Wirklichkeit der ersten und EINZIG WAHREN EBENE gibt, so wird diese doch verschieden interpretiert und es kommt durch die zweite EBENE DER ANDEUTUNGEN ODER AUSFLOCKUNGEN auf der dritten EBENE DER KONKRETISIERUNGEN ODER DES GEISTES sowie auf der vierten EBENE DES UNIVERSUMS und allen folgenden Ebenen zur Illusion geschiedener Welten, welche auf diesen jeweils untergeordneten Wirkungsebenen durchaus den Anspruch auf Realität erheben dürfen...

Diese logische Konsequenz reicht soweit, dass man auf der hier spielerisch errichteten Ebene des Universums sogar folgerichtig von nebeneinander existierenden Paralleluniversen sprechen darf. Eine Feststellung, die jedoch nur für diese vierte Ebene gilt, denn erst alle diese Universen zusammen bilden den eigentlichen Kosmos.

Zugleich befinden wir uns mittlerweile auf einer Ebene realer Erfahrungen: Wenn beispielsweise eine Katze (= Resonanzmuster) von Flöhen (= anderes Resonanzmuster) befallen ist, sind diese Flöhe auf der vierten, universellen Ebene durchaus wirklich und lästig, auch wenn von der höchsten Ebene aus betrachtet Katze und Floh eins sind und in vollkommener Harmonie schwingen. Vergleicht man nun Wahrnehmung der Katze mit jener der Flöhe, so könnte man getrost behaupten, dass hier durchaus unterschiedliche Universen vorliegen. Die beiden Lebenswirklichkeit werden in nichts miteinander übereinstimmen. Das Universum offenbart sich hier als ein ineinander geschachteltes Ganzes unterschiedlicher Mikrokosmen.

Manchmal hilft auch ein einfaches Flohpulver, um im Frieden mit den unterschiedlichen Ebenen zu bleiben: Die Katze muss sich nicht mehr kratzen und alles ist eins und in perfekter Ordnung. (Selbst dann, wenn die Flöhe sterben, denn sie werden ja wiedergeboren.) Merke: Machen Sie sich dort keine Probleme, wo in Wahrheit keine sind! Manchmal sind auch scheinbar unvereinbare Ansichtsweisen nur zwei Seiten des gleichen Flohs, äh, der gleichen Medaille...

c) Alles steht permanent mit allem in Kommunikation und Verbindung!

Nicht nur die Katze, die Flöhe und das Pulver, das Frauchen der Katze, der Flohpulververkäufer, die Flohpulverlieferantin und der Flohpulverproduzent stehen in Wechselwirkungen, sondern auch alle molekularen, atomaren und subatomaren Welten. Gift, welches ich in den Bach einlaufen lasse, wird nicht nur über die Nahrungskette zu mir zurückkommen, sondern bereits der Akt wird Auswirkungen auf mein Bewusstsein haben, denn ich werde mich vermutlich schlecht fühlen. Und mein schlechtes Gewissen wiederum wird meine Mitmenschen tangieren. Sie werden die Stimmung aufnehmen - unabhängig davon, ob ich sie anspreche oder nicht. Sie werden nun aufgrund der eigenen verschlechterten Stimmung ihre Haustiere schlechter behandeln und deshalb möglicherweise kein Flohpulver mehr kaufen, um der Katze zu helfen und somit dafür sorgen, dass alles wieder in den Ausgleich kommt, denn das restliche Pulver muss nicht im Bach verklappt werden, da es kein restliches Pulver gibt. Verstanden? Egal, was geschieht, es führt immer alles zurück in die Harmonie (Gesetz des Gleichgewichts). Auch in unserem Beispiel wurde die Harmonie wieder hergestellt. Zugleich haben wir das **Gesetz der Wechselwirkungen** erkannt, als eine unausweichliche Folge dessen, dass alles miteinander kommuniziert und in Verbindung steht! Naturwissenschaftlich gesprochen spricht man hierbei von Rückkopplungskreisläufen.

Ganz ernsthaft, alles hängt miteinander zusammen, bedingt sich gegenseitig und steht in Wechselwirkung und Verbindung. Lieber Leser, wenn Sie dies noch immer nicht glauben sollten, so beschäftigen Sie sich doch bitte einmal mit der modernen Physik. Permanente Kommunikation mit allem Sein (Informationsaustausch) und selbst Hyperkommunikation sind keine Esoterik, sondern wissenschaftlich fundierte Tatsachen. Exoterik eben. Realität!

d) Die Verbindung von allem mit allem besteht raumübergreifend und ist wie ein mehrdimensionales Spinnennetz strukturiert und zwar zeitlich unmittelbar direkt! Wegen dieser faszinierenden Eingenschaften sprechen wir auch von Hyperkommunikation.

Die benannte und hoffentlich von Ihnen bereits akzeptierte Verbindung und Wechselwirkung (Kommunikation) von allem mit allem geschieht nicht nur auf Umwegen, sondern unmittelbar und direkt! (Zeit existiert ohnehin nicht wirklich.) Ein Beispiel: Wenn es im Sternensystem Alpha Centauri zu einem Sonnensturm kommt, so wird diese Information auch binnen Sekundenbruchteilen (also mit Überlichtgeschwindigkeit!) in alle Sonnen des gesamten Universums übertragen! Die Wissenschaft erforscht hierbei momentan die Funktion und Bedeutung sogenannter Gammastrahlen.

Persönlich gelang es mir durch meine Tätigkeiten als Shamanic Practitioner die permanente Kommunikation mit dem Universum und alle seinen Teilaspekten zu verifizieren. Jeder mag hierbei einen anderen Weg haben. Die Grundtatsachen aber bleiben bestehen. Ich kann es Ihnen leider nicht besser erklären... (Man muss es erfahren!)

Mit diesen Gesetzmäßigkeiten im Zusammenhang stehend und auf dem Gesetz der Holographie basierend steht auch das **Gesetz der Feldbildung**: Wenn irgendwo ein neues Feld entsteht oder neue Verknüpfungen vorgenommen werden, seien diese informativer, zeitlicher oder räumlicher Struktur, so entstehen dieses Feld bzw. diese Verknüpfungen parallel an unendlich vielen Stellen des Universums.

Schamanen wussten dies schon immer, die Wissenschaft hat es aber immer-hin auch herausgefunden: Alles ist mit allem verbunden! Es gibt keine Grenzen! Energie folgt der Aufmerksamkeit und Aufmerksamkeit folgt der Energie!

Sie als Leser haben nun meines Erachtens drei Möglichkeiten:
a) die Möglichkeit, dies zu wissen, weil Sie es selbst bereits erfahren haben;
b) die Möglichkeit, es zu glauben oder
c) die Möglichkeit, das Buch wegzulegen, weiter zu verschenken oder zu vernichten.

Sollten Sie von der Unmittelbarkeit der direkten Kommunikation in/über den Hyperraum von allem mit allem in diesem Universum wissen, da es ja noch nicht einmal eine wirkliche Trennung zwischen den verschiedenen "Teilen" des Universums gibt, haben Sie meines Erachtens schon viel verstanden und einer bewussten Anwendung dieser Gesetzmäßigkeiten in Ihrem Leben für alles, was Sie sich je erträumt haben, dürfte eigentlich nur mehr wenig im Wege stehen. Wahrscheinlich arbeiten Sie sogar bereits als *Magier,* ob Sie dies nun so nennen - oder nicht. Jedenfalls vermute ich, dass Sie im Leben gut zurecht kommen, da Sie grundlegende Gesetzmäßigkeiten bereits verstanden haben.

Sollten Sie mir einfach nur glauben, was ich für unwahrscheinlich halte, bitte ich Sie darum, weitere Bücher in Ihrem Leben zu lesen (beispielsweise über Quantenphysik) und weitere persönliche Erfahrungen zu machen. Bitte glauben Sie nie mehr irgendeinem Menschen, ohne innerlich zu fühlen und zu wissen, was dieser Ihnen mitteilt, denn alle Wahrheit liegt in Ihnen. Bitte laufen Sie deshalb auch keinem einzigen *Guru* mehr hinterher, ob er sich nun so nennt oder anders...

Bleiben Sie wachsam! In Ihrem Inneren liegt alle Wahrheit! Laufen Sie schon gar nicht meiner Wenigkeit hinterher, denn wenn ich schon kein Guru bin, so doch ein gefürchteter Urug. (Kleiner blöder Scherz, ich weiß noch nicht einmal, was ein Urug ist. Sie kennen meinen teils seltsamen Humor ja mittlerweile ein wenig: Urug! Urug! Buh! Buh!)

Dritte Möglichkeit: Sie verschenken das Buch oder verbrennen es, je nachdem, was für Sie von größerem Nutzen wäre und vergessen das Ganze! Vergessen Sie übrigens auch die Weißwurst, die Kohleroulade mit Mayo und die Amigos! Vergessen Sie am besten, wer Sie sind, was Sie sind und warum Sie sind! Vielleicht wird dies Ihr Weg in die Erleuchtung sein! Oder Sie trinken Bier bis zum Umfallen! Auch okay! Ich jedenfalls enthalte mich hier jeglicher Wertung!

Zurück zum Thema: Unter Kosmos verstehe ich oftmals den immateriellen Teil des Universums, welcher letztlich aber mit diesem identisch ist, denn das Universum ist zugleich immateriell und materiell. Geist und Materie, auch Geist und Maschine sind eins. "Tao" ist die chinesische; "Brahman" die indische und "Ginnungagap" die germanische Bezeichnung für dieses **Mysterium**. Auch vom ICH BIN war bereits die Rede. Persönlich verwende ich gerne den Begriff des IONS oder der Heiligen Matrix (beides Synonyme für

Gott und Göttin). Abweichend vom gleichnamigen Erfolgsfilm habe ich nämlich erkannt, dass der Begriff der *Matrix* wesentlich umfassender nur noch neutral bzw. positiv im Sinne von "Heiliger Matrix" benutzt werden sollte.

Falls es ein Gesetz der individuellen Entwicklung noch nicht geben sollte, würde ich diesen Schritt als seinen Beweis ansehen wollen, denn durch diesen scheinbar unscheinbaren Schritt der Heiligsprechung entwickelte ich mich von einem Menschen, der System und Matrix als einengend, kontrollierend und begrenzend erfuhr zu einem Menschen, der die nahezu unendlichen Chancen sieht, welche eine Heilige Matrix und selbst unser politisches und wirtschaftliches System bieten! Im Endeffekt spielt all dies aber keine Rolle. Wir sind nichts als Narren, das ist dann auch schon die ganze Wahrheit!

e) Gewährleistet wird die Hyperkommunikation der Resonanzfelder und allen beseelten Seins innerhalb der Matrix durch einen sogenannten Hyperraum!

Der Glaube daran, dass der Lichtstrahl und mit diesem das Licht, die schnellste "Fortbewegungsart" im Universum sei, wurde von der modernen Physik längst revidiert. Die Hyperkommunikation innerhalb der Heiligen Matrix verläuft unmittelbar und verbindet selbst diametral gegenüberliegende Universen binnen Bruchteilen von Bruchteilen von Bruchteilen von Sekundenbruchteilen. (Wie sollte es auch anders sein, da in Wirklichkeit nur Einheit ist?) Eigentlich müsste man sogar von einer **"Hyperraumzeit"** sprechen, denn die Informationsübertagung findet auch in den Paralleluniversen, in Vergangenheit und Zukunft statt. Jedes auch noch so kleine Ereignis wirkt als Angebotswelle in die Zukunft und zugleich als Echowelle zurück in die Vergangenheit. Jede Welle der Hyperraumzeit wirkt zugleich in alle Dimensionen und Welten! Man mag dies beunruhigend finden oder auch schön. Es ist wie es ist. Es ist einfach und es ist gut, wie es ist. Und wenn es schlecht wäre, so wäre auch dies gut.

Und noch etwas: Alles Vorauswissen deutet auf einen rückwärts wirkenden Einfluss hin. Das heißt auch, dass alle zukünftigen Entscheidungen immer auch die Vergangenheit beeinflussen. Hinsichtlich psychologischer Zustände spricht man hierbei auch von einem *Deja Vu*. Kennen Sie - oder?

Da andererseits diese Verknüpfung <<alles mit allem>> so umfassend und gewaltig ist, lassen sich die Hyperraumzeit mit ihren Parallelwelten durchaus auch als ein einziges Wesen beschreiben, welches wir schlichtweg Gottheit, Universum oder ICH BIN nennen können. Die Bezeichnung spielt keine Rolle. Wer sich über Begrifflichkeiten streitet, hat bereist verloren. All das führt letztendlich nur zu unnötigem Kopfzerbrechen, da doch ohnehin alles eins ist. Kennen Sie folgenden Witz: "Treffen sich zwei Erleuchtete..."? Kapiert? Sie erinnern sich auch an die Kohleroulade? Essen Sie sie besser, bevor sie noch schlecht wird! (Einverstanden, der Witz ist aufgebraucht, den andern aber fand ich gut.)

f) Man kann sich die Hyperraumzeit auch durch die holographischen Eigenschaften des Universums bildlich machen, in welchem jedes Teilchen die Information aller anderer Teilchen in sich trägt, denn alles im Universum ist zugleich Welle und Teilchen! Die einzige Ausnahme hierzu sind die sogenannten Lichtphotonen, welche sich noch in der ursprünglichen Einheit befinden.

Auch auf der subatomaren Quantenebene grüßt das Gesetz der Polarität (siehe ebd.), da sich alles in Welle oder Teilchen, Materie und Antimaterie etc., aufteilen lässt. Lediglich die **Lichtphotonen** treten weder als das eine noch als das andere in Erscheinung und stellen sich uns so als die universellen Bausteine der Einheit dar: Lichtphotonen als Trägersubstanz der obersten Wirkungsebene, *Holone*, ja Einheit selbst! Sie repräsentieren das reine Bewusstsein bzw. die reine Energie auf der subatomaren Ebene.

Die maßgebliche Frage, die uns nunmehr auf der universellen Ebene beschäftigt, nachdem wir uns in den soeben erörterten Unterpunkten ein Modell von ihr machen konnten, ist jene nach ihrer praktischen Anwendbarkeit. Die Antwort wird von mir alsbald in vier mehr oder weniger einfachen Erkenntnissen formuliert, den Gesetzen der Seele, der Kommunikation, der Aufmerksamkeit und des freien Willens.

Allgemein sollte vielleicht aber an dieser Stelle auch angemerkt werden, dass wir mit der vierten Wirkungsebene bereits einen Bereich erreicht haben, in welchem eine prinzipiell unendliche Anzahl formulierbarer und erkennbarer Gesetzmäßigkeiten vorliegt.

Wenn wir uns im Folgenden also lediglich mit Vieren beschäftigten, so ist dies in erster Linie der Eingebung der bei diesem Buch mitwirkenden Geisthelfer geschuldet, was uns zugleich zur Frage der Quelle, Richtigkeit und Beweisbarkeit der Aussagen in diesem Buch führt...

(i) Einige der Quellen für das "Kompendium aller Naturgesetze, Schicksalsgesetze oder universellen Gesetze" wurden bereits im Anschluss an die erste Ebene, der "Ebene der Einheit des Bewusstseins und der Energie", angesprochen. Es sind dies die großen Religionen, Seher und Propheten, welche auch auf die verschiedenen Mysterienschulen, wie beispielsweise die Templer, Rosenkreuzer oder Freimaurer, einen nicht unterschätzbaren Einfluss ausübten. Vieles hiervon wurde von mir studiert und in Suche nach Übereinstimmung zusammen-getragen. Anderes mag mir noch immer unbekannt sein.

(ii) Sodann die mehrfach beschworene moderne, subatomare Quantenphysik, die hier natürlich - auch in ihrer Beschwörung - nicht fehlen darf. Ihr verdanken wir die wissenschaftliche Untermauerung vieler der vorgebrachten Gesetze, wenn sie auch noch immer nicht alles zu beweisen in der Lage sind.

(iii) Sodann sind da jene persönlichen Erlebnisse, um die man sich im Laufe seines Lebens nicht drücken kann und welche bei der Suche nach dem Sinn nicht ausbleiben. Man nennt dies Lebenserfahrung. Jeder, der das hier liest, besitzt sie!

Interessanterweise sind es meines Erachtens oftmals gerade die Außenseiter unserer Gesellschaft, welche über ein großes Maß "positiver" Lebenserfahrung verfügen, während andere in den Entscheiderpositionen manchmal noch immer Scheuklappen hinsichtlich einer ganzheitlichen persönlichen, gesellschaftlichen und globalen Erkenntnis und Entwicklung tragen. Letztendlich aber gehen Bewusstsein, Erfahrung und Erhebung durch alle Menschengruppen unabhängig ihres Standes oder ihrer Herkunft und es ist wichtig, sich hierin immer wieder zu bestärken und niemanden auszugrenzen, denn nur gemeinsam sind wir stark.

(iv) In meinem persönlichen Fall kommt meine schamanische und druidische Ausbildung bei der Erforschung derartiger Sachverhalte hinzu, welche neben vielen schamanischen Reisen auch den rituellen Gebrauch bewusstseinserweiternder Substanzen beinhaltete.

(v) Wiederum anderes ist lediglich angelesen, geklaut und gestohlen, etwas, was oftmals in den besten Familien nicht ausbleibt.

(vi) Zu den Büchern gesellen sich die guten Gespräche, denn zwei oder drei Gehirne denken bekanntlich mehr als eines. Anderes, vieles, wird einfach nur gefühlt oder intuitiv begriffen.

(vii) Noch weiteres kam aufgrund von Analogieschlüssen zustande, welche teilweise auch anders hätten stattfinden können. Man sollte also weder alles für unumstößliche Wahrheit oder gar Weisheit halten, noch wird man das hier Geschriebene grundsätzlich widerlegen können. Dazu ist es zu nahe an der Realität!

(viii) Hinzu kommen Einsagen aus der "geistigen" Welt oder Anderswelt. Sie sind meinen Geistführern und spirituellen Helfern geschuldet, die ich hier aber nicht benennen werde. Mehr kann ich Ihnen nicht bieten. Dieses Wenige aber kommt von ganzem Herzen!

Kommen wir jetzt, nach dem Darlegen meiner Quellen, also zu den bereits angekündigten Gesetzen der Seele, der Kommunikation, der Aufmerksamkeit und des freien Willens...

7. Das Gesetz des Seele
Das Gesetz lautet: Alles ist beseelt!

Da nichts wirklich von der Einheit abgespalten ist, ist auch weiterhin alles bewusst und energiegeladen. Ich nenne diesen Zustand beseelt. Alles ist beseelt. Daher lebt auch alles. Dies alles beinhaltet neben den sieben lebenden Elementen von Luft, Feuer, Wasser, Erde (Stein), Pflanze, Tier und Mensch (Ahnen) auch alle nicht-materialisierten Entitäten, wie unsere emotionalen, mentalen und spirituellen Körper oder beispielsweise jene der Böden und Landschaftstypen, der Elementarreiche, Naturgottheiten und Engelshierarchien. Alles ist eben alles, egal ob bloßer Gedanke, Energie oder Materie, was ohnehin keinen großen Unterschied macht, da Materie nichts anderes als langsam schwingende Energie ist oder anders ausgedrückt: $E=mc^2$.
Energie (E) entspricht hierbei im Übrigen dem Bewusstsein (B). Je größer der von uns genutzte Bewusstseinsbereich ist, desto größer wird auch unsere persönliche Energie sein. Bei Erlangen eines umfassenden Bewusstseins, also dem ständigen Wissen um die Einheit aller Dinge, wird auch unser Energiereservoir unerschöpflich sein. E ist also gleich B. Oder: $B = E = mc^2$

Eine andere Formel, welche mir gut gefällt, ist: $B =$ **thc^2**. t entspricht hierbei der Zeit und h steht für die Intensität des *Highseins*. Bewusstsein entspricht also dem Produkt von der Intensität und Zeit unseres *Highseins* mit der Lichtgeschwindigkeit zum Quadrat. (Klingt nachvollziehbar - oder?)

Als Nebenformel ergibt sich dann auch noch: $m = th$.

th, unser *Highsein*, wiegt also die Materie auf! (Kleiner Scherz!)

Fazit: Wie wir bereits gesehen haben, ist Energie zugleich Bewusstsein, also Leben, also lebt alles und ist bewusst und somit beseelt. (Ohne Scherz! Es gibt keine "tote" Materie!)

Die praktische Anwendbarkeit des Gesetzes der Seele liegt einfach darin, dass es keine Trennung gibt zwischen Energie (Bewusstsein) und Materie (Masse). Beide sind austauschbar und können von uns auch ausgetauscht werden. Sie werden so mit ein bisschen Übung zu Jongleuren Ihrer eigenen Wahrnehmung, Wahrheit und Wirklichkeit. (Wenn das kein Geschenk ist?!) Sie müssen hierbei lediglich Ihre eigene Aufmerksamkeit schulen und gemeinsam mit dem sie umgebenden Leben win/win-Situationen aushandeln! Wer dies noch weiter vertiefen möchte, sollte eine schamanische Ausbildung anstreben, wie wir sie beispielsweise seit Jahren als FauNa-spirit erfolgreich anbieten! Dies ist der beste Weg, den ich kenne. (Kleine Werbung in eigener Sache!)

8. Das Gesetz der Kommunikation
Das Gesetz lautet: Alles kommuniziert mit allem!

Die zweite Erkenntnis aus den Gesetzmäßigkeiten des Aufbaus des Universums ist, dass, da alles beseelt und somit belebt ist, auch alles mit allem in Kontakt treten also kommunizieren kann und dies ununterbrochen tut - sei es bewusst oder unbewusst. Das Verständnis permanenter Kommunikation allen Lebens ist fundamental für die menschliche Entwicklung und ich hoffe sehr, dies an dieser Stelle abschließend klären zu können!

Für unser alltägliches Leben bedeutet das Gesetz der Kommunikation schlicht und ergreifend, dass Telepathie mit Mitmenschen ebenso natürlich ist wie "normale" sprachliche Kommunikation und darüber hinaus permanent stattfindet (wenn auch meist unbemerkt). Wer hätte noch nicht die Erfahrung gemacht, dass er an einen bestimmten Menschen denkt und dieser ihn/sie in eben jenem Augenblick anruft? Oder aber, dass wir jemanden auf der Straße treffen und sofort ein ungutes Gefühl haben, obwohl wir diesen Menschen nicht kennen. Manche mögen es als Intuition bezeichnen, doch es ist nichts anderes als stattfindende Kommunikation, egal, wie wir es nennen. Ebenso kommunizieren wir ununterbrochen mit Mineralien, Pflanzen, Tieren oder Geistwesen verschiedenster Art. Sie sollten dies wissen und beachten!

Wir stehen beispielsweise auch in Wechselwirkung mit unseren Wohnungen und Arbeitsplätzen, genauso wie mit der freien Natur, wenn wir uns in dieser aufhalten. Dies ist unser täglich Brot. Und es geht noch weiter: Wir übertragen Informationen an unsere Kleidungsstücke, nehmen Information durch unsere Nahrung auf, haben Eingebungen, die sich dann oftmals bewahrheiten und dergleichen mehr... Ihre Gefühle kleben in Ihrer Kleidung, manifestieren sich in Ihrem Wohnzimmer, bestimmen Ihre Beziehung zum Partner, den Nachbarn oder den Kollegen am Arbeitsplatz. Selbst Ihr Gartenzaun und Ihre Haustür werden permanent durch sie beeinflusst und lassen ihrerseits Informationen zu Ihnen zurückfließen. Sagen Sie ihnen doch wieder einmal ein paar schöne Worte, beginnen Sie einen Flirt mit Ihrer Umgebung! Und siehe da, ihre Kaffeetasse wird zurückflirten. Wir sind alles andere als einsam! Meines Erachtens entsteht erst aus dieser wahrhaften Beziehung mit allem anderen, also zugleich dem permanenten Austausch von Informationen, dem Wechsel der Sichtweisen (indem ich zuhöre und mich auf das einschwinge, was mich ständig empfange) und der damit verbundenen Anpassung an bestimmte Lebensverhältnisse erst jenes Verständnis, ja jene Tugend, die ich als Weisheit bezeichnen möchte.

Für den gesamten Kosmos bedeutet das Gesetz der Kommunikation u.a., dass Milchstraßen, Planeten und schwarze Löcher sich im permanenten Austausch befinden. Wer weiß, worüber die so plaudern? Und natürlich auch - als planetarische Urprinzipien - mit uns kommunizieren, so wie wir mit ihnen... Dies passiert einfach, man muss sich deshalb nicht den Kopf zerbrechen. Es passiert und damit ist es auch schon gut. Das sei "verrückt"? Persönlich bevorzuge ich den Ausdruck "wieder zurecht gerückt", ins rechte

Licht sozusagen. Vielleicht auch etwas ver-rückt von den Ansichten der Allgemeinheit, doch möchte ich zurückfragen: "Halten Sie den Durchschnittsmenschen für glücklich? Ist er intelligenter als jener, der mit Tieren, Pflanzen und Steinen spricht und sich von seiner Kaffeetasse anflirten lässt?" (Ich glaube kaum.)

Sie können übrigens auch mit Ihrem gesamten Kaffeevorrat sprechen und ihn bitten, dass er noch etwas länger halten möge, damit Sie nicht gleich wieder nachkaufen müssen (= Beginn einen neuen Gags ganz nach meinem Geschmack).

Anhand der universellen Gesetze der Kommunikation und der Seele können wir nunmehr verstehen, warum das Universum schwingt: Kommunikation (Information) findet über elektromagnetische Wellen statt. Schwingung ist nichts anderes als Kommunikation (Wellen) in alle Richtungen. Kristallisationspunkte, unsere Seelenkerne, binden und fokussieren eine bestimmte Anzahl dieser Wellen zu morphogenetischen, also gestaltbildenden Feldern. Je träger das Feld, desto mehr wird es sich materialisieren.

Felder stärker vibrierender Schwingung werden über mehr Kraft verfügen und weniger im Sinne der Ausflockung materialisieren. Alle so entstehenden und vergehenden (sich wandelnden) Felder stehen in Kommunikation und bedingen sich gegenseitig und zwar nicht nur mit ihrer unmittelbaren Nachbarschaft, sondern durch den Hyperraum raumübergreifend und unmittelbar, ohne zeitliche Verzögerung. Dieser Hyperraum muss so verfasst sein, dass alle in ihm enthaltenen Teilchen zugleich über die Summe alles Wissens aller Teilchen verfügen, was sich wiederum mit den Gesetzen vom Anfang und der Holographie deckt. Anders ist es nicht zu erklären!

An dieser Stelle schließt sich das Gesetz der Aufmerksamkeit an. Wenn Sie meinen Aufführungen also noch konzentriert und aufmerksam folgen können, lesen Sie bitte weiter. Ansonsten empfehle ich an dieser Stelle lieber eine Pause oder einen guten Flirt mit einer guten Tasse Kaffee aus Ihrem Vorrat.

9. Das Gesetz der Aufmerksamkeit
Das Gesetz lautet: Energie folgt unserer Aufmerksamkeit!

Wenn wir unsere Aufmerksamkeit auf ein anderes Wesen - sei es Mitmensch, Baum oder Geist - richten, so wird sich unsere Energie (in diesem Fall unsere Gedanken oder Emotionen) auf dieses übertragen! Reagiert das andere Wesen und es wird reagieren, hat Kommunikation bereits stattgefunden. Energie folgt der Aufmerksamkeit und Aufmerksamkeit der Energie.

Je bewusster wir uns dieser Prozesse sind, desto bewusster und klarer wird auch unsere Wahrnehmung jenes "Kommunikation" genannten Energieaustausches. Bis hin zum inneren Sprechen und Hören von Wörtern, Sätzen und Sinneinheiten, die dem gewohnten "normalen" Sprechen in nichts nachstehen. *(Der Kaffeevorrat antwortet wirklich!)*

Im Übrigen ist es nicht nachzuvollziehen, warum viele glauben, über Telefonkabel oder Funk kommunizieren zu können, nicht aber auf dem direkten Weg unmittelbaren Energieaustausches...

Im Austausch mit der gesamten Schöpfung und ihren sieben lebenden Elementen - Erde, Luft, Wasser, Feuer, Stein, Pflanze und Mensch - lässt sich viel Weisheit erlangen. Wir sollten unsere Fähigkeiten zur Kommunikation vermehrt nutzen. Wer die meisten (und seien es die dümmsten) Fragen stellt, wird am Ende der Weiseste sein. Das Gesetz der Aufmerksamkeit sagt hierzu aus, dass, wenn wir unsere Aufmerksamkeit auf Information, Kommunikation und Wissen lenken, wir genau dies in unserem Leben ernten werden.

Denke ich an Krankheit, werde ich Krankheit in mein   Leben ziehen!
Denke ich an Geld, wird es auch fließen!
Denke ich an Sie, denken Sie an mich!
Denke ich an Arbeit, werde ich Arbeit haben!
Denke ich an Entspannung, kann ich mich entspannen!
Denke ich an Liebe, werde ich Liebe wahrnehmen und   erfahren!

Denke ich an meinen Kaffeevorrat, wird er mir vermutlich antworten: "Ich weigere mich noch länger zu halten, wenn Du permanent so viel von mir trinkst!" Dies ist zugleich das Ende dieses Gags. Sollten Sie schmunzeln, ist schon viel erreicht! Unsere Welt würde dadurch wieder ein kleines bisschen besser! Und trotz der abschlägigen Antwort unseres bevorzugten Genussmittels wird die auf unsere Kaffeevorräte gerichtete Aufmerksamkeit dafür sorgen, dass wir immer Kaffee haben werden! (Und sei es, das wir rechtzeitig nachkaufen.) So funktioniert das Leben nun einmal: Energie folgt der Aufmerksamkeit! Manchmal ist es einfacher, als man denkt.

Das Gesetz der Aufmerksamkeit auf den Punkt gebracht bedeutet, dass wir immer all jenen Dingen Energie zukommen lassen, denen wir positive Aufmerksamkeit (in Form von Zärtlichkeit, Liebe, Trost) oder auch negative Aufmerksamkeit (Angst, Hass, Wut) entgegenbringen. Das heißt, sobald wir unsere Aufmerksamkeit auf bestimmte Situationen, Vorgänge oder Personen richten, stärken wir diese und werden dadurch immer mehr von dem hervorbringen, woran wir gerade denken! Wir werden hierzu später im Zusammenhang mit dem Gesetz der Schatten weitere Beispiele folgen lassen!

Ist es verwunderlich, dass wir auf der Ebene des Universums in Wahrheit alle Ebenen vermengt antreffen? Ist nicht alles ohnehin eins? Ist nicht alles in Wechselwirkung? Ist nicht alles energiedurchflutet und bewusst? So ist es. Auf der universellen Ebene treffen wir alles an. Das Universums, welches ein lebender Organismus ist, wird so zu unserem magischen Spielfeld. Je mehr es uns gelingt, die zugrunde liegenden Gesetzmäßigkeiten zu durchschauen, desto wirksamer werden wir in diesem Spiel agieren können.

Durch das Verständnis und die Kombination verschiedener Gesetze üben wir wahre Magie aus. Dies zu tun, ist Ihr gutes Recht! Bitte fragen Sie jetzt nicht, wie dies denn konkret zu funktionieren hat, denn Sie, als Magier, sind es, der seine eigenen Rezepte und Zauberformeln hierfür entwickelt. Die dargelegten Gesetze können Ihnen lediglich die Grundlagen vermitteln, doch kochen müssen Sie schon selbst!

Die Gesetze der Kommunikation und der Aufmerksamkeit leiten über zu jenem des freien Willens, denn was Sie letztendlich fühlen, denken, kommunizieren oder tun, ist abhängig von Ihrem eigenen freien Willen. Das diesbezügliche Gesetz ist eines der wichtigsten im gesamten Universum!

10. Das Gesetz des freien Willens
Das Gesetz lautet: Nichts darf gegen den freien Willen geschehen!

Nichts darf und kann gegen den freien Willen eines Lebewesens geschehen! Wir erinnern uns daran, dass alles lebt und somit auch respektvoll behandelt werden sollte! Wer hiergegen verstößt, erschafft sich *Karma*! Bitte fragen Sie daher selbst die Steine um Einverständnis, bevor Sie sie aufheben oder vielleicht in einen Fluss werfen. Seien Sie also aufmerksam und bewusst, bei allem, was Sie tun. Sie sind es, der sich in jedem Augenblick sein eigenes Schicksal kreiert!

Da jeder frei sein will, sollte er diese Freiheit auch jedem anderen zugestehen. Tief in uns fühlt einjede(r), was gut und richtig für ihn/sie ist. Dies ist es dann auch meist für die Welt, da wir - wie dargelegt - mit der gesamten Schöpfung untrennbar verbunden sind! Ermächtigen Sie die anderen, ihren eigenen Plänen, Herzen und Ideen zu folgen. Werten Sie nicht, sondern besitzen Sie die Größe, auch den Willen der anderen gelten zu lassen. Nur so werden Sie selbst die Freiheit erlangen und die Liebe ernten, nach der wir uns alle so sehr sehnen.

Wer anderen dennoch seinen Willen aufzwingt, sie also nicht überzeugt, sondern zwingt, muss die Konsequenzen davon selbst tragen. Wir sind ein einziger lebender Organismus und alles kommt zu uns selbst zurück: Wer Zwang ausübt, wird Zwang ernten! Eine gute Führerschaft zeigt sich immer darin, dass sie den anderen ermöglicht und sie darin unterstützt, Ihre eigenen Pläne zu verwirklichen!

Wer anderen schadet, schadet nur sich selbst. Im Sinne des Volksmundes: Wer anderen eine Grube gräbt, fällt selbst hinein - wenn auch manchmal erst verspätet, manchmal vielleicht erst in kommenden Leben. Und doch: Die kosmische Gerechtigkeit kennt keine Ausnahmen, sondern funktioniert nach den Gesetzen der Kausalität und des Ausgleichs präzise wie ein Uhrwerk - es sei denn, sie würde durch die Gesetze der Liebe und des Verzeihens durchbrochen.

Eine andere Weisheit ist, dass ich die Welt nur ändern kann, indem ich mich selbst ändere. Oder: Indem ich mich ändere, ändere ich die Welt. Wir sollten deshalb erst gar nicht versuchen, anderen unseren Willen aufzuzwingen. Seien Sie also großzügig, ermächtigen Sie! Wie lautete doch gleich die erste Maxime bei Star Trek? Sich nicht in die Angelegenheiten anderer einmischen! Und doch gibt es gelegentliche Ausnahmen: Wer einen anderen rettet, rettet sich selbst und die ganze Welt! Wer aber einen anderen gegen seinen Willen zwingt, zwingt sich selbst in die Knie!

Positiv ausgedrückt, kann man auch sagen, alles geschieht mit dem freien Willen! Was immer mir im Universum zustößt, lässt sich auf meine eigene Absicht zurückführen! Meine Absicht, mein Wille und meine Vorstellung sind verantwortlich darüber, wie es mir im Leben ergehen wird!

Exkurs: Wenn Gesetze im Allgemeinen in erster Linie von der jeweils höheren Ebene nach unten wirken, so stehen sie doch allesamt in gegenseitiger Wechselwirkung und vermögen bis zu einem bestimmten Grad auch von unten nach oben rückzustrahlen. Insbesondere das Gesetz des freien Willens ist eines jener Gesetze, welches in alle Richtungen abstrahlt: Nach oben und nach unten; in die Zukunft und die Vergangenheit! Beachten Sie dieses Gesetz. Es ist wichtig!

Begeben wir uns nunmehr auf die "fünfte oder irdische Ebene".

Fünfte Ebene oder IRDISCHE EBENE

Willkommen zurück auf der irdischen Ebene, welche das heutzutage als "Durchschnittsmensch" bezeichnete göttliche Individuum im Normalfall nicht überschreitet. Es ist die Ebene unseres Alltags. Lieber Leser, ich weiß nicht, wie es Ihnen geht und woran Sie glauben, von zwei Dingen aber bin ich fest überzeugt: Zum einen, dass man sich auf Erden die Zeit nehmen sollte, alle Dinge gut zu überdenken und zum anderen, dass sich auf der Erde alles findet, um glücklich und gesund zu leben und dabei alt zu werden.

Die Gesetze der irdischen Ebene können von allen Menschen verstanden und angewandt werden und es bedarf keiner weiteren, um ein gelungenes Leben zu führen. Ganz im Gegenteil, wie man an meinem Werdegang auf der Straße, meiner Heilung in den Pyrenäen, über meine Verbeamtung auf Lebenszeit als Lehrer, die ich mittlerweile zurückgegeben habe und meinem jetzigen, glückerfüllten Leben erkennen kann. Wir haben auf Erden Zeit und Raum, alles zu gestalten und zu erreichen, was wir uns erträumen. Nicht etwa auf egoistische Art und Weise, sondern im Einklang mit unserer Familie, unseren Freunden, der Gesellschaft, der Natur, Kultur und menschlichen Zivilisation. Es ist nie zu spät, umzusteuern, um ein neues, glücklicheres Leben zu beginnen. Die einzige Voraussetzung ist die Beschäftigung und das Verständnis der entsprechenden Lebens- oder Naturgesetze.

Trotzdem glaube ich, dass Menschen im Allgemeinen eher daran scheitern, dass sie zu viel denken, als dass sie zu wenig denken würden. Was sollte einen Menschen der Kosmos interessieren, wo der doch an der Sonne, dem Regen und dem Humus genug hat, sein Korn zu pflanzen? Wozu Schamanismus betreiben oder Quantenphysik studieren oder auf Revolution sinnen, wo doch in Ihnen selbst alles klar erkennbar ist? Das Gute ist gut, wenn es sich in Ihnen gut anfühlt. Und das Böse schlecht, denn Ihr inneres, göttliches Gewissen wird sich dagegen sträuben. Die universellen Gesetze der irdischen Ebene sind einfach und klar strukturiert. Man muss weder Genius sein, noch Physiker oder Schamane, um sie zu verstehen. Die Richtigkeit der Gesetze der irdischen Ebene jedenfalls erkennt man an ihrer Wirksamkeit oder mit den Worten der Kahuna, das sind hawaiianische Schamanen, ausgedrückt: Wirksamkeit ist das Maß der Wahrheit! Ein Satz der ganz besonders für unseren Alltag gelten sollte.

Die Frage nach der Wirksamkeit ist wiederum eng damit verknüpft, worum es uns im Leben überhaupt gehen sollte oder geht. Meines Erachtens geht in erster Linie um **Werte** wie Liebe und Gesundheit, Wohlstand und Glück und nicht, wie viele glauben, um **Waren** wie Reichtum, Macht oder Sex. Diese Waren werden sich schon auf positive Weise von selbst einstellen, wenn ich die wahren, universellen Werte meinem Planen und Streben zugrunde lege. Strebte ich hingegen in erster Linie nach den Waren, wie es viele tun, verlöre ich die Werte und mein Leben würde scheitern - wenn auch nur, wir wissen es bereits: scheinbar, denn auch der Weg der Waren, der Weg Babylons, ist ein Weg des Lernens.

Aus Gründen der Praktikabilität werde ich mich nunmehr auf der irdischen Ebene (wie bereist auf der universellen Ebene) auf vier maßgebliche Gebiete beschränken. Es sind dies die Gebiete der Liebe, des Heilseins, der Polarität sowie der Resonanz, die wiederum gewisse Untergesetze aufweisen. Diese Darstellung und Gliederung ist nunmehr - anders als die Ebene der Einheit, des Bewusstseins und der Energie - nur noch ein Modell, welches sich durch andere Modelle oder philosophische Systeme ersetzen ließe, dennoch sollte sie alle maßgeblichen Schlüssel und Gesetze enthalten, deren Berücksichtigung zu einem glücklichem und nach allgemeinen Maßstäben gelingendem Leben führen wird. Auch wenn es sich hierbei um eine gewisse Anzahl unterschiedlicher Gesetze handelt, so haben sie doch eins gemeinsam: Sie sind relativ einfach zu verstehen und im täglichen Leben gut anwendbar!

<u>Folgende vier Gebiete werden also auf der irdischen Ebene von diesem Kompendium erfasst und unterschieden:</u>
Das Gebiet der Liebe. Das Gesetz ist die Liebe! Liebe ist die höchste Kraft im Universum! Man erkennt sie daran, dass sich etwas einfach gut anfühlt, ohne dass man es in irgendwelcher Weise hinterfragen müsste. Kommt das Verzeihen hinzu, also bedingungslose Liebe und Verzeihen, so katapultiert sich der Mensch auf direktem Weg - angereichert mit höchster Lebensweisheit - ins verloren gegangene Paradies!

Das folgende **Gebiet des Heilseins** kennt als Zustand Gesundheit und als Vorgang Heilung - und sonst gar nichts! Wie es von der Liebe keine wirklichen Ausnahmen gibt, so auch vom Heilsein nicht. Hass ist nichts weiter als ein leeres Gefäß, in welches man Liebe fließen lassen kann und Krankheit lediglich eine Station auf dem Weg der Heilung.

Es wird sich das **Gebiet der Polarität** anschließen, in welchem *Maya*, die Illusion des Getrenntseins, endgültig über das Bewusstsein der Einheit allen Seins obsiegt. Was auf der zweiten Ebene ausflockte und sich durch die nachfolgenden Ebenen formte, hat sich nunmehr starr zu unserer illusorischen Realität mit ihren eigenen Regeln verdichtet.

Sollte Ihnen diese Sichtweise einer lediglich illusorischen Realität zu "negativ" erscheinen, möchte ich Sie daran erinnern, dass den auf der Erde ebenfalls anzutreffenden Schatten die gleiche Daseinsberechtigung zukommt, wie allem anderen auch. Mit dem gleichen Recht, mit dem wir das Schöne und Gute in Wahrheit als Illusion entlarven, gilt dies auch für alles scheinbar Böse und Schlechte. So gesehen können aus einer Sichtweise im Sinne des Advaita Vedanta (also der Negierung jeglicher Trennung vom Einen des sat chit ananda) auch ein großer Trost und eine weitreichende Gelassenheit resultieren: Allein schon dadurch, dass wir die Angst vorm Leben verlieren, denn auch Einsamkeit, Armut, Krankheit oder Tod sind nichts als bloße Illusionen!

Merke: Das Gebiet der Polarität gilt uneingeschränkt auf dem gesamten Erdenrund und führt bei Anerkennung und positiver Nutzung zur Umsetzung all unserer menschlichen Ziele von Wohlstand und Erfolg im Leben!

Das die irdische Ebene in diesem Kompendium abschließende Gebiet ist das **Gebiet der Resonanz** mit den eigentlichen Resonanzgesetzen sowie deren mannigfaltigen Folgegesetzen. In ihnen liegen die letzten Schlüssel für menschliches Glück (auf allen Wirkungsebenen) verborgen!

Zusammenfassung: Auf der fünften IRDISCHEN EBENE mit seinen vier Untergebieten werden wir uns mit all jenen Lebensgesetzen beschäftigen, deren Verständnis zum Erreichen unserer höchsten Ziele, der G-Wörter und Werte wie Gesundheit, Glück und Geld "im richtigen Leben" notwendig sind! Obwohl die Gesetze dieser Ebene für sich genommen einfach sind, handelt es sich doch um einen umfassenden Lehrstoff.

Wir können hierbei auch von einem Medizinrad des irdischen Lebens sprechen, in welches wir jetzt vom Süden her mit der Liebe einsteigen werden!

DAS GEBIET DER LIEBE

Auf dem Gebiet der Liebe gibt es lediglich ein einziges, einfaches Gesetz. Wer es kennt und berücksichtigt, muss theoretisch nichts weiter wissen, um als glücklicher und weiser Mensch auf dieser Erde zu wandeln. Nichts anderes wünsche ich mir für alle Menschen dieses Planeten, Gaias, und darüber hinaus alle sonstigen *Wôlgmare*!

Als Wôlgmare bezeichne ich traditionell alle Wesen in diesem Universum, welche über ein dem Menschen vergleichbares 4-Körper-System verfügen: Den physischen Leib, den Emotional- oder Astralkörper, den Mentalkörper und das Höhere Selbst, auch seelisch-ionischer Körper genannt. Ihr physischer Leib ähnelt im Idealfall jenem der Menschen. Wôlgmare sind unsere nächsten kosmischen Verwandten.

11. Das Gesetz der Liebe

Das Gesetz lautet: Liebe ist immer die Antwort!

Wir alle benötigen Liebe, um zu gedeihen! Das Gesetz der Liebe ist das erste und wichtigste Gesetz in der gesamten irdischen Ebene und darüberhinaus, denn Liebe ist die Antwort auf Kummer, Mangel, Angst, Hass und überhaupt jede negative Emotion oder Situation. Liebe ist die Magie der Heilung, des Lichtes und der Sterne. Liebe ist die große Heilerin und Wandlerin aller Ignoranz, allen Schmerzes, allen Verlustes, allen Leidens.

Dass Liebe Licht ist und dieses bekanntermaßen die höchste Macht im Universum, sollte allgemein bekannt sein. Licht, als ungetrübtes Bewusstsein, ist reinste Energie. Licht ist überall. Physiker haben errechnet, dass man mit dem Licht eines Kubikzentimeters Schöpfung, egal ob "Vakuum" oder "Materie", den gesamten Energiebedarf unserer Erde decken könnte. Dies verdeutlicht die physikalische Stärke von Liebe!

Auch wenn ich es nicht beweisen kann, so ist es doch meines Erachtens die Liebe, welche die Lichtphotonen (s.o.) und damit die gesamte Schöpfung - mittels der Gefühle - überhaupt erst zum Vorschein bringt. Liebe ist Licht und Licht ist Liebe.

Im Übrigen ist es längst gängiger Stand der Wissenschaft, dass es in Wirklichkeit kein Vakuum gibt, sondern dass das gesamte Universum, der Kosmos, von einem sogenannten Hyperraum geformt und durchdrungen wird, welchen man früher bereits Äther nannte, bevor dieses Konzept dann wieder verworfen wurde. Dies heißt also, dass alles, Lücke und Loch, Gewicht und Masse, von Liebe durchdrungen ist - jedes Wesen - jede Kraft - jedes Gesetz. Einfach alles. Energieleeres Vakuum gibt es demnach nicht. Liebe aber ist die stärkste und reinste Energie, somit ist das gesamte Weltall von Liebe geradezu durchdrungen.

Zusammenfassung: Unseres Wissen sind Lichtphotonen die einzigen Teilchen im Universum, die kein entsprechendes Schattenteilchen besitzen, die also noch ungebrochenes, einheitliches Bewusstsein haben und sind. Auch das reine Licht hat den Prozess der Abspaltung vom ICH BIN zur Polarität nicht durchlaufen bzw. ist hieraus schon wieder heil und ganz zurückgekehrt (Gesetz der Rückkehr). LIEBE aber und LICHT sind ein und dasselbe! In ihnen liegt das all-umfassende BEWUSSTSEIN. Sie sind bewusst! Hierin liegt zugleich ihre physikalische und psychologische Kraft! Es gibt nichts Schöneres, Reineres, Stärkeres als bedingungslose LIEBE!

Immer, sollten Sie sich ungeliebt fühlen, nehmen Sie sich doch zuerst einmal selbst in den Arm und beginnen Sie damit, sich selbst zu lieben, wertzuschätzen und zu streicheln - schon bald wird es Ihnen besser gehen, denn auch Ihre Eigenliebe ist pure Energie! "Liebe Deinen Nächsten, wie Dich selbst!", ist eines der Gebote aus der Bibel. Lieben Sie also nicht nur Ihren Nächsten, lieben Sie sich zunächst einmal selbst! Dann werden Sie auch die anderen lieben und Sie werden die Kraft haben, deren Liebe zu erwidern. So entsteht ein positiver, heilender Kreislauf! Dies ist die Antwort auf alle Ihre (scheinbaren) Probleme: Nehmen Sie sich an der Hand und in den Arm. Gönnen Sie sich etwas Gutes. Sie werden sehen, alles ist halb so schlimm. Lieben Sie sich selbst, dann werden Sie auch andere lieben. Und versuchen Sie bitte erst gar nicht, es allen recht zu machen, nur um Liebe zu erhalten. Nein, machen Sie Ihr Ding und lieben Sie sich selbst. Alles andere ergibt sich dann schon von alleine! Ich glaube, dass dies die gesuchte Weltenformel ist! Die Weltenformel? Ja, natürlich: "Liebe dich Selbst!" (Sie sind ja doch zugleich alles andere!) Wer sich SELBST liebt, liebt die ganze Welt, Gott, den Kosmos und die Schöpfung! ICH BIN! Verstehen Sie? Die Welt, Sie, die Gottheit und das Universum - alles ist eins. Alles ist liebende Liebe! Subjekt und Objekt! Ursache und Wirkung! ICH BIN ist alles!

Lieben Sie die Liebe! Geben Sie sich ihr hin wie ein Hase der Karotte, der Hund seinem Knochen, der Fisch dem Wasser! *(Im Moment leider keinen besseren Vergleich gefunden.)* Haben Sie keine Angst vor Verletzung! Niemand und nichts kann Sie verletzen, wenn Sie wahrhaft lieben. Ihre Seele ist pure Liebe! Niemand und nichts, kann Ihnen dies nehmen, denn Sie sind es: LIEBE - LICHT - BEWUSSTSEIN voll strahlender, vibrierender Energie! ICH BIN!

Zur Liebe gehören insbesondere auch ihre **"Untergesetze des Verzeihens und des Freilassens oder Seinlassens"**. Ihre Namen erklären sich im Prinzip selbst. In Wirklichkeit sind auch diese Weisheiten und Gebote mehr als bloße "Untergesetze". In meinen Augen kommt ihnen eher die Bedeutung von "Urgesetzen" zu, deren Beachtung zu höchster Lebensqualität und FRIEDEN in der Welt führen werden!

Ho'oponopono ist die Macht des Verzeihens. Da wir eins mit allem sind, verzeihen wir, wenn wir anderen verzeihen, letztlich uns selbst. Etwas, was sich im Ungleichgewicht befand, wird hierdurch wieder richtig gerückt. Unser Urzustand von Liebe, Glück, Heilsein und Einssein kann wieder wahr genommen werden! Zu *Ho'oponopono* gibt es ein schönes gleichnamiges Büchlein von Ulrich Emil Duprée. Es lohnt sich! Wenn Sie an der Essenz aller Weisheiten, dem Brauchbarsten, was man aus dem Studium des Kompendiums der Naturgesetze, Schicksalsgesetz und universellen Gesetzte mitnehmen kann, interessiert sind, dann kaufen Sie sich bitte dieses kleine Büchlein! Es wird gut investiertes Geld sein!

Merke: Das Gesetz der Liebe ist immer auch ein Gesetz des Verzeihens!

Lassen Sie darüber hinaus die Dinge, wie sie sind. Lassen Sie Ihren Partner oder Ihre Partnerin sein wie er/sie ist und versuchen Sie nicht, die Menschen nach Ihren Plänen zu zwingen! Haben Sie keinen Partner, wünschen sich aber einen? Dann akzeptieren Sie auch diese Situation einfach so, wie sie ist! Ermächtigen Sie das Leben eben gerade so zu sein! Machen Sie sich niemals Vorwürfe, sondern lieben Sie sich zu allererst selbst! Lassen auch Sie sich guten Gewissens sein, wie Sie sind und akzeptieren Sie dankbar Ihr Leben, so wie es war und ist. Erst dann wird alles möglich! Nichts anderes bringt das Gesetz des Freilassens oder Seinlassens zum Ausdruck. Vertrauen Sie also in den Fluss des Lebens! Es gibt nichts zu erreichen! Sie sind bereits erleuchtet! Erinnern Sie sich? Der Augenblick des Erwachens naht. Der Liebende ist erwacht! Sie sind erwacht!

- *Verstehe die Liebe, die nicht will und bereit ist alles zu geben!*
- *Verstehe die Liebe, die Dich will und bereit ist Dir alles zu geben!*
- *Verstehe die Liebe, die Du willst und für die Du bereit bist, alles zu geben!*
- *Verstehe die Liebe für alles, die alles gibt, ohne zu wollen!*
- *Und verstehe die Liebe, die alles durchdringt und einfach sein möchte!*
(All dies sind Facetten eines einzigen ursprünglichen Seins.)

Lieber Leser, es gibt nichts, was nicht bereits zigfach über Liebe gedacht, gefühlt, gesagt oder geschrieben wurde. Wir müssen uns hier nicht wiederholen. Fest steht jedoch, dass die Liebe jenen Dreh- und Angelpunkt im Universum darstellt, von dem aus alles - und zwar wirklich alles - möglich ist! Nur erzwingen kann man es eben nicht!

Nach der lebensnotwendigen Liebe, dem nicht nur strategisch gebotenem Verzeihen und dem In-Ruhe-Lassen anderer kommt in unserem Kompendium sogleich das Heilsein, um ein Leben in höchster Qualität zu führen. Heilsein indes ist mehr als bloße körperliche Gesundheit. Es ist immer ganzheitlich zu verstehen, also die Gesamtheit aller Körper und auch unserer Umwelt umfassend. (Wir haben das Heilsein übrigens dem Westen zugeordnet.)

DAS GEBIET DES HEILSEINS

12. Die Gesetze des Heilseins

Das Gebiet des Heilseins wartet mit dem Gesetz der Gesundheit als Urzustand und jenem der Heilung als folgerichtigem Prozess bei Störung jeglichen Gleichgewichtes im Menschen auf. Es sind zwei schöne Gesetze mit großer Reichweite, wenn sie sich auch in erster Linie mit dem relativ einfachen Heilsein in einer polaren Welt beschäftigen.

Das umfassende und permanente Heil- und Einsein der oberen Ebenen wird hierdurch nicht tangiert. Es wird allerdings menschlich ergänzt durch ein Heilsein auch in den unteren Ebenen der polaren, materialisierten Welt. *Inlinement* wird hergestellt.

Das Gesetz der Gesundheit
Das Gesetz lautet: Unser natürlicher Zustand ist Gesundheit!

Auch, wenn wir dies oft nicht wahrhaben wollen, so ist doch unser ursprünglicher und ich möchte sagen "gottgegebener" Zustand - allumfassende Gesundheit, das heißt das harmonische Miteinander aller uns umgebenden Körper.

> Es ist eine alte Wahrheitslehre, gesehen, erprobt und überliefert, dass der Mensch neben seinem physischen Körper, Leib genannt, auch noch über mindestens drei weitere Körper verfügt. Diese werden im Allgemeinen als **emotionaler oder astraler Gefühlskörper**, als **mentaler Geistkörper** sowie als **ionisch-spiritueller Seelenkörper** (oder Höheres Selbst) bezeichnet. (Über deren genaue Anzahl lohnt es übrigens nicht zu streiten, wie dies manche gerne tun.)

Da alle unsere Körper, also der physische Leib, unsere emotionalen und mentalen Körper sowie die Unsterbliche Seele (Höheres Selbst) letztendlich nichts anderes als bloße morphogenetische Resonanzfelder sind, ist deren Beeinflussung durch Gedanken, Gebete, Mantras, Worte und schließlich auch Taten für den geübten ganzheitlichen Heilpraktiker, Magier oder Schamanen eine einfache Sache. Der gemeine Arzt aber behandelte mit seinen Pillen, Salben, Tabletten und Tinkturen zumeist noch immer nur die Äußerlichkeiten (Symptome), selten die Ursachen. Grundsätzlich gibt es dreierlei Ursachen für Krankheit: Entweder liegt ein Zuviel von etwas vor oder ein Zuwenig oder eine Disharmonie unterschiedlicher Elemente. Dies ist zumindest der schamanische Ansatz. Im Falle eines Zuwenig frisst sich die Krankheit zumeist von außen in unser Inneres hinein, beginnt also im Höheren Selbst der Seele (zum Beispiel wegen mangelnder Selbstliebe aufgrund eines unverarbeiteten Traumas). Dieser Mangel frisst sich sodann durch unsere Mental- und Emotionalkörper, die als Schutzschilde fungieren, und macht sich im Körperleib an irgendeiner geschwächten Stelle als irgendeine Krankheit bemerkbar. Zuvor aber ist sie schon als dunkler Fleck in unserer Aura erkennbar. Die eigentliche Ursache allerdings liegt in mangelnder Selbstliebe. Alles andere sind Symptome.

Im Falle eines Zuviel manifestiert sich die Krankheit oftmals im Leib selbst, vielleicht in Form nahrungsbedingter Schlacken (zum Beispiel zu viel Fett, zu viel Alkohol etc.). Schamanisch gesehen sprechen wird auch von Eindringlingen, die sich oftmals als spinnen- oder wurmartige Insekten zeigen. Es gibt hiervon eine ganze Reihe. Der Mediziner würde vielleicht von Bakterien und Viren sprechen. Der Schamane würde sie extrahieren (sofern er über die entsprechenden Hilfsgeister verfügt) und die Ursache so beseitigen. Der Mediziner versucht sie oft abzutöten, schädigt dabei aber auch gesunde Zellen. Zudem werden die Kadaver der Wesen nicht beseitigt, was zu neuen Komplikationen führen kann.

Unternimmt man nichts gegen die Eindringlinge, die sich bereits durch die Schutzschilde unserer höheren Körper gefressen haben, machen sich diese oftmals alsbald massiv in unseren höheren Körpern bemerkbar. Ich fühle mich unausgeschlafen, hege negative Gefühle etc.... Zunächst einmal müssen sie aber in umgekehrter Richtung durch die Schutzschilde der höheren Körper in den physischen Leib gelangen. Am Beispiel des Alkoholmissbrauchs lässt sich zeigen, dass lange noch bevor es zur Lerberzirrose kam, Ursachen außerhalb des physischen Leibes vorlagen. Vielleicht hatte der Betroffene Angst vor Entlassung, eine Angst, die er mental und emotional nicht mehr abwehren, integrieren oder ausgleichen konnte. Erst dann griff er zum Alkohol. Die dunklen Flecken in seiner Aura waren also für den Geübten bereits zuvor erkennbar. Erst dann kam der Alkoholmissbrauch, die Leberzirrose im Körper selbst und die wiederum daraus resultierenden emotionalen und mentalen Probleme. Rückkopplung zwischen den Körpern hat stattgefunden.

Das Positive am geschilderten Fall eines Zuviels ist, dass man entsprechende Eindringlinge extrahieren kann, sofern man über die hierzu notwendigen Hilfsgeister verfügt. Dann aber muss auf jeden Fall auch die Ursache beseitigt werden, also der Grund, dass es überhaupt erst zu einer solchen Disharmonie hatte kommen können. Hier: der Alkoholmissbrauch und noch weiter vorgelagert die Lebensangst vor Entlassung und Armut. Dieser Mensch bräuchte also das Vertrauen, dass er auch nach dem Verlust seines Arbeitsplatzes für ihn gesorgt würde: Weder wird er verhungern noch gesellschaftlich marginiert. Es stehen vielfältige Möglichkeiten zur Weiterbildung zur Verfügung und jede Menge anderer Jobs, die er ausüben könnte etc.

Es muss immer vom individuellen Einzelfall, dem einzelnen Menschen ausgegangen werden. Keine Krankheit gleicht einer anderen! Auch dies ein Fehler der allopathischen Medizin. Man versucht Symptome zu Krankheiten zusammenzufassen. Der Mensch und seine ganz besonderen Umstände jedoch geraten dadurch außer Blickfeldes! Wäre dies nicht so, wäre alles heilbar, wie es andererseits ja auch ist!

Eine weitere häufige Krankheitsursache ist der Seelenverlust (beispielsweise aufgrund von Schock oder Misshandlung etc.). In diesem Fall entweicht ein Seelenanteil und ein Zuwenig entsteht! Oftmals versucht der Mensch danach die entstandene Lücke durch entsprechende Süchte wieder auszugleichen. **Ein Zuwenig** kann auch eintreten, wenn dem Körper bestimmte lebensnotwendige Vitalstoffe vorenthalten werden. Ein Ausgleich geschieht immer dadurch, dass man Körper und Seele das Benötigte zuführt, sei es durch eine Seelenrückholung oder die fehlenden Minerale oder Proteine in der Ernährung. Manchmal muss allerdings zuvor eine Extraktion vorgenommen werden, um jene krankmachenden Eindringlinge zu beseitigen, die sich anstelle des eigentlich Vorgesehenen in der entstandenen Lücke eingenistet haben.

Eigentlich streben die morphogenetischen Felder unserer Körper, Seelen und Organe bereits nach den Gesetzen der Entelechie und der Rückkehr (siehe unten) von sich aus zur Vervollkommnung, zur Ordnung, und somit zur Heilung. Oftmals ist es daher ausreichend, einfach nur abzuwarten (z.B. ein paar Tage im Bett verbringen), bis sich umfassende Gesundheit von alleine wieder einstellt. Dies, unser gottgegebenes Heilseins, ist unser natürlicher Zustand! Und das Schöne daran: Es ist einfach, ihn aufrecht zu erhalten! (Egal, was manche Ärzte hierzu vielleicht sagen.)

Im Falle von morphogenetischer Disharmonie entsteht Krankheit, wenn wir nicht allen disharmonisch gelagerten Feldern ihr ganz eigenes Daseinsrecht einräumen und für sie spezielle Lösungen entwickeln (beispielsweise auch durch Kommunikation mit ihnen oder Meditation). Lehnen wir eines der Resonanzfelder jedoch ab, indem wir es einfach ignorieren, kommt es zur Entstehung ausgegrenzter Schatten. Das Resonanzfeld verlagert sich in unser Unterbewusstsein, den "Untergrund", und wird von hier aus aktiv. Die sich anbahnende Krankheit schickt nun keine offenherzigen Vorwarnungen mehr, sondern beginnt unmittelbar an einer Schwachstelle das Gesamtsystem zu attackieren. Aus anfänglicher Disharmonie wurde zunächst ein verdeckter Konflikt (Ignoranz und Ausgrenzung), der nunmehr öffentlich ausgetragen wird (gezielte Angriffe aufs Immunsystem).

Um ein Beispiel zu geben: Wir haben Müdigkeit oder Magenschmerzen. Grenzen wir diese aus, hören also nicht auf unseren Körper (indem wir beispielsweise schlafen oder uns einer Entschlackung unterziehen), kommt es symbolisch gesprochen zur Schattenbildung.

Je mehr wir dagegen ankämpfen, da wir weder müde sein noch auf den Magen hören wollen, desto größer wird das Problem, wo es doch am Anfang noch mit einer kleinen Abhilfe (z.B. regelmäßig einen Mittagsschlaf einlegen oder schwere Speisen am Abend vermeiden) getan wäre. So aber hören wir nicht auf unsere Körper, ignorieren dessen Warnsignale und stärken so die störenden "Symptome". Diese aber, hier "Schatten" genannt, haben - wie überhaupt alles in dieser Welt - ein Daseinsrecht und sind ernst zu nehmen, denn nur dann kann es uns gelingen, sie in unsere eigene Persönlichkeit zurück zu integrieren. In diesem Fall würde sich die Krankheit in Wohlgefallen auflösen. Anderenfalls beginnt sie gezielt weitere Schwachstellen des Immunsystems zu attackieren.

Wir sehen also, dass Krankheit in den allermeisten Fällen ein hausgemachtes Phänomen ist. In der Realität sind wir auf perfekteste Weise an unsere Umgebung angepasst, denn jeder einzelne Mensch ist das Ergebnis einer in Urzeiten zurückreichenden genetischen und soziologischen - jedes Mal erfolgreich verlaufenden - Vererbung!

Wir werden uns mit der Thematik der Schattenbildung nochmals ausführlicher im Zusammenhang mit dem Gesetz der Schatten beschäftigen.

Wenn wir also bereits die ersten Warnungen wie Müdigkeit, Unwohlsein oder Schmerz ernst nehmen und hierauf reagieren, führt dies zu erneuter Anpassung der Körper an die Umwelt und somit zur Gesundheit! Da dies ein natürlicher Prozess ist, habe ich ihn hier auch als Gesetz definiert. Leider ist es eines jener Gesetze, gegen die wir Menschen am häufigsten verstoßen. Wir hören eben nicht auf den Indikator der Müdigkeit, sondern schalten Halogenlichter an und trinken einen weiteren Kaffee. Auch darauf, dass dieser wiederum unseren Magen versauert, hören wir nicht. Das ganze geht solange gut, bis es zur chronischen Übersäuerung und damit Erkrankung des entsprechenden Organs führt. Diesen Prozess umzukehren, also endlich auf unseren geschundenen Körper zu hören, hieße sich gemäß dem Gesetz der Gesundheit zu verhalten.

Oftmals beginnen wir nun aber hiergegen Tabletten oder andere Medikamente zu nehmen und verschlimmern damit langfristig die Situation, bis hin zu einem fast irreversiblen Schaden. Im Übrigen sterben weltweit mehr Menschen an falscher Medikamentierung, denn an der eigentlich ursprünglichen Erkrankung! Bei Berücksichtigung der in diesem Kompendium dargelegten Grundsätze zu einer ganzheitlichen Heilung würde sich dies alsbald ändern!

Das Gesetz der Heilung
Das Gesetz lautet: Alles, was unserem natürlichen Zustand widerspricht, wird geheilt! Oder noch einfacher: Alles wird geheilt!

Dieses zweite Heilseinsgesetz ist im Prinzip lediglich ein speziell den Menschen betreffendes Unterprinzip des Gesetzes der Entelechie oder Ordnung, welches ich gegen Ende des Kompendiums als eines der drei auf allen Ebenen wirksamen E-Gesetze ansprechen werde.

Das zweite Heilseinsgesetz ist ein tröstliches, heilverkündendes Gesetz: Allem wohnt nicht nur die Tendenz inne, zurück in eine umfassende und zugleich bestmögliche Ordnung zu gelangen, sondern alles kehrt in diese Ordnung auch tatsächlich zurück. Alles wird gesunden! Dies gilt gleichermaßen für unsere körperlichen und seelischen Funktionen!

Alles, was dem Göttlichen Urzustand des Heilseins widerspricht, wird geheilt! Nicht nur, dass es heilbar ist. Nein, es wird auch geheilt werden! Dies ist eine wunderschöne und wirkungsvolle Gesetzmäßigkeit, in die wir im täglichen Leben noch viel mehr Vertrauen setzen dürfen!

Was auch immer die Ärzte sagen, es gibt keine Krankheit, die nicht geheilt werden könnte! Ganz im Gegenteil: Die Heilung ist vorprogrammiert als Teil eines Göttlichen Plans, welchen wir bereits als "Gesetz des Göttlichen Plans" kennen gelernt haben.

Das Gesetz der Heilung ist in seiner persönlichen Anwendung eines der wirkungsvollsten Gesetze, über welche wir verfügen. Es sagt nicht nur aus, dass alles geheilt werden kann, sondern zugleich, dass es geheilt wird!

Mit diesem Vertrauen in die Naturgesetze hat bereits Jesus Christus jene "Wunder" genannten Heilungen beispielsweise von Lahmen oder Blinden vollbracht. In Wirklichkeit aber sind diese "Wunder" bloße Naturgesetze, denn nicht nur befindet sich in uns allen der Schlüssel für alle - selbst für die von allopathischen Ärzten als unheilbar betrachteten - Krankheiten, nein, mehr als das: Mit ein wenig Vertrauen in die Lebensgesetze werden diese auch geheilt werden. Alles andere entspricht nicht der Realität, wie wir sie vorfinden.

Sollten Sie hieran weiterhin zweifeln, so suchen Sie doch bitte einen in den Naturgesetzen bewanderten Arzt auf, um sich mit Sicherheit heilen und somit eines besseren belehren zu lassen. Besser noch: Werden Sie erst gar nicht krank! Gesundheit ist einfach! Ich wünsche Ihnen Gesundheit und Heilung und immer wieder Gesundheit und Heilung. Gesundheit und Heilung. Gesundheit und Heilung.

Krankheit ist nur ein Zwischenschritt auf dem Weg zur Heilung. Krankheit zeigt auf, wenn ich mich nicht im Einklang mit dem Universum befinde - sei es durch eine Disharmonie, ein Zuviel oder ein Zuwenig! Krankheit ist unser Freund und Helfer. Sobald wir dies erkannt haben und berücksichtigen, setzt Heilung ein. Diesen ewigen Prozess bezeichne ich als **Heilsein**. Gesundheit, Krankheit und Heilung sind seine drei Erscheinungsformen, ohne welche es umfassendes Heilsein nicht geben könnte. Sie entsprechen Vishnu, dem Erhalter, Shiva, dem Zerstörer und Brahma, dem Schöpfer und Heiler.

Wenn Sie also krank sein sollten, vertrauen Sie darauf, dass Sie schon bald von selbst wieder gesunden werden und machen Sie einen schönen Spaziergang, sobald Sie sich wieder in der Lage dazu fühlen. Überlegen Sie sich auch, warum Sie krank geworden sind. Es gibt keine Krankheit ohne Sinn. Treffen Sie die not-wendigen Entscheidungen, um zukünftiges Kranksein dieser Art zu verhindern! Sie sind hierin ihr eigener Spezialist und Meister! Wenn Ihnen natürlich ein Arm oder Bein fehlen sollte, so fehlt es Ihnen und wird vielleicht auch nicht nachwachsen, obwohl auch hierzu das Potential in uns wohnt(!) Aber was soll es schon: Sie sind am Leben und können darüber hinaus ein Gesundheitsvorbild für andere werden, wenn Sie es nicht schon längst sind!

Auch Krebs oder andere Lehrer verlieren ihre Kraft und ihren Schrecken, sobald man die grundlegenden Gesetze des Heilseins erkannt und in seinem Leben integriert hat. Krebs ist relativ einfach zu heilen und wurde bereits vielfach spontan geheilt!

Sie selbst sind es, der dies bewirkt! Sie selbst sind der Herr/die Herrin Ihrer Zellen und geben geregeltes Wachstum vor, indem Sie die Heilung einfach in Ihnen geschehen lassen. Öffnen Sie sich für den Prozess der Heilung und alles im Universum wird Sie dabei unterstützen! Sie haben ein Göttliches Recht auf Heilung und Heilsein! Sollten Sie dennoch Hilfe bei der Heilung Ihrer Krankheiten benötigen, so holen Sie sich bitte Hilfe von hierin geübtem, erfahrenen Fachpersonal! Das sind leider nicht immer jene, die sich hierfür ausgeben. Manchmal mag dies eine für Sie schwierige Entscheidung bedeuten. Hören Sie also auf Ihre Intuition und Ihr Gefühl und vertrauen Sie auf das Gesetz der Heilung! Sie haben ein Anrecht hierauf! Alles wird geheilt!

Exkurs: Einzig gegen den Tod ist kein Kraut gewachsen, doch Sterben ist auch keine Krankheit. Indess: Die Schrecken des Todes sind pure Illusion. Warum sollte man etwas heilen wollen, was es überhaupt nicht gibt? Was wir Tod nennen, ist nichts anderes als ein Übergang und eine Transformation. Tod selbst bedeutete Heilung. Manchmal ist es das beste, was uns geschehen kann! Zuvor aber sollte man sein Leben ausgekostet haben!

Jetzt, da wir hoffentlich frisch ins Leben verliebt (Gebiet der Liebe) und voller Gesundheit (Gebiet der Gesundheit) sind, wollen wir uns auch noch daran machen allgemeinen Wohlstand und Lebensglück zu bewirken. Hierbei spielt es keine Rolle, ob ich mich im Krankenhaus befinde, auf meinem Wohnzimmersessel oder auf Wanderschaft in den iberischen Bergen... Das einzige was zählt sind die richtige Erkenntnis, Deutung und Anwendung der folgenden Polaritäts- und Resonanzgesetze... Wir treten in den Norden ein...

DAS GEBIET DER POLARITÄT

Das dritte von mir behandelte Gebiet der irdischen Ebene ist jenes der Polarität. Es entspricht dem Norden. Polarität überzieht das gesamte irdische Dasein und offenbart sich in Gegensatzpaaren wie beispielsweise Gut und Böse, Warm und Kalt, Arm und Reich, Recht und Unrecht etc. pp.. Alles - und ich wiederhole: - alles, lässt sich mit diesen Begriffspaaren messen und bewerten und erkennt dann doch weder die übergeordneten Ebenen der Einheit, der Ausflockung der Gefühle oder der Konkretisierungen des Geistes, noch die Struktur des Universums als schwingende Matrix. Dies ist das zugrunde liegende Dilemma von Bewertung und Polarität!

Andererseits sind es die Pole der Polarität, also die Gegensätze und Extreme, welche uns auf Erden notwendige Erfahrungen sammeln lassen und so das Überleben unserer physischen Leiber ermöglichen. Dennoch dürfen wir die verschiedenen Pole niemals mit der letztendlichen Wahrheit verwechseln, wie es viele Zeitgenossen leider noch immer tun. Nein, dem Yin und Yang zugrunde liegt das unabwandelbare Tao. Alles andere sind nur Spiegelungen und Fiktionen. Mehr noch als alles andere ist Polarität allerdings ein reizvolles Spiel!

13. Das Gesetz der Polarität
Das Gesetz lautet: Polarität entsteht aufgrund von Illusion!

Wie wir bereits gesehen haben, entsteht in der materiellen Welt aufgrund von Illusion Polarität; beispielsweise zwischen groß und klein, dick und dünn, hell und dunkel, laut und leise, oben und unten, schwarz und weiß, gut und schlecht, neu und alt, Mann und Frau etc. pp.

Die gesamte materielle Welt lässt sich anhand dieser Gegensatzpaare, welche wir Pole nennen, beschreiben. Gäbe es diese nicht, es blieben keine Worte der Beschreibung, so wie wir es von der obersten Ebene, der einzig wahren Wirklichkeit her kennen.

Die Ebene der Polarität mit ihren Unterscheidungen ist für uns notwendig, wollen wir in der materiellen Welt, so wie wir sie wahrnehmen, überleben. Dann aber müssen wir auch hierüber sprechen:

- Würde das Kind nicht den Unterschied zwischen heiß und kalt kennen, es würde im Feuer verbrennen oder im Schnee erfrieren.

- Würde es nicht Mann und Frau, männlich und weiblich geben, es gäbe uns nicht. (Zumindest nicht in dieser Form.)

- Würden wir nicht den Unterschied zwischen rechts und links, vorne und hinten, oben und unten, nah und fern kennen, wie sollten wir jemals ankommen?

Merke: Polarität dient der Orientierung! Die Anwendung, der zwar aufgrund von Täuschung entstandenen, dann jedoch zum Überleben notwendigen Polarität, betrifft jene menschlichen Verhaltensweisen, die uns das tägliche Überleben mit unseren physischen Körpern überhaupt erst ermöglichen! Sich warm anziehen, wenn es kalt ist. Sich schlafen legen, wenn man müde ist etc. pp

Die Anwendungen sind also mannigfaltig: Gegen Feuer hilft Wasser, gegen Schwere Leichtigkeit und gegen Tumor hilft Humor! Wer sich von klein auf spielerisch übt im Umgang mit der Polarität und ihren Begriffspaaren, dem kann sie nichts anhaben, dessen Freund wird sie sein! Es ist ein schönes Spiel, welches das Leben hier vor uns ausbreitet: Der Narr und der Weise lieben es gleichermaßen. Nur jener, der nicht mehr Narr und noch nicht Weiser ist, mag damit hadern...

14. Das Gesetz der Schatten
Das Gesetz lautet: Ein abgelehnter Pol führt zu Schattenbildung!

Lehnen wir einen Pol aus den unendlichen Gegensatzpaaren der Polarität ab, so führt dieser zur Ausbildung von Schatten. Lehnen wir beispielsweise das Böse ab und wollen nur noch das Gute, so wirkt das scheinbar Böse als nicht-integrierter Schatten dennoch weiter.

Schauen wir uns diese Gesetzmäßigkeit etwas gezielter und detaillierter an, so werden wir fünf Unterschritte erkennen.

Die fünf Unterschritte des Gesetzes der Schatten:
- Der Pol, der abgelehnt wird, wird zum Schatten.
- Der Schatten wird verdrängt und hierdurch gestärkt.
- Der gestärkte Schatten drängt wieder ins Licht.
- Wird er integriert, findet Heilung statt.
- Wird er negiert, führt dies zu Blockaden, Krankheit oder Unglück.

Ich will diese fünf Schritte anhand von immerhin sieben Beispielen darlegen
1. Die Bekämpfung des Hungers in der Welt
2. Die Unterdrückung von Sexualität
3. Der Einsatz von Antibiotika
4. Der Umgang mit Straßenkindern
5. Die Unterdrückung in der Schule
6. Das Verbot des Walfangs
7. Das Vollstrecken der Todesstrafe

Zu (1): Alle Versuche, den Hunger in der Welt zu bekämpfen, sind bisher gescheitert und haben nur noch größere Hungernotstände hervorgerufen.

= der abgelehnte Pol wird zum Schatten und hierdurch gestärkt

Stattdessen sollte man sich besser für eine weltweit ausreichende und gesunde Nahrungsgrundlage, beispielsweise durch Förderung eines sozialverträglichen Anbaus, einsetzen. Oder für nachhaltige Bewirtschaftung oder für gesunde, ökologische Produkte, die zugleich der Biodiversität zu Gute kommen, sorgen. Der Einsatz für etwas wird Erfolge zeigen.

= der gestärkte Schatten drängt ans Licht, d.h., will als Problem beachtet werden und wird nicht bekämpft, sondern integriert

Der Kampf gegen etwas stärkt nur das Bekämpfte. Das Verbot von Produkten verdrängt diese in die "Schattenwirtschaft". Durch inneres Verdrängen stärkt man die eigenen Schatten.

Zu (2): Unterdrückte Sexualität führt zu den absurdesten und brutalsten Varianten von Fetischismus, Sadomasochismus bis hin zu Vergewaltigung, Kindesmissbrauch oder Kannibalismus...

= der abgelehnte und verdrängte Schatten wird übermächtig und nimmt immer bedrohlichere Ausmaße an, je mehr wir ihn negieren

Im besten Fall entstehen einfach nur frustrierte, neurotische Persönlichkeiten, mit denen man dann gesellschaftlich leben muss... Besser ist es seine sexuellen Phantasien selbstbewusst jederzeit und immer wieder auszuleben, solange zumindest, wie man einen Partner findet, der diese teilt.

Zu (3): Antibiotika unterdrücken alles Leben, auch das der Selbstheilungskräfte. Der nächste Virus wird vermutlich gerade wieder den immungeschwächten Antibiotikapatienten befallen. So entsteht ein wahnwitziges Wettrüsten zwischen Virus und und Antibiotika, welches immer neue Opfer verlangt.

= Ablehnung und Verdrängung des Schattens, stärken diesen, welcher immer wieder ans Licht drängt, d.h. auf sich aufmerksam macht und immer wieder nur neu bekämpft, also negiert wird

Durch einfache Stärkung des Immunsystems wird man im Gegensatz Herr über die allermeisten Viren und zwingt diese nicht zur Mutation in immer gefährlichere Formen.

= Integration, die akzeptierende Annahme und nicht die Bekämpfung der Viren führt zur Heilung

Zu (4): Man kann Probleme nicht verdrängen, man kann sie bestenfalls verlagern; die zugrundeliegende Energie wird sich dann aber, da unerlöst, einen andern Weg bahnen. Wer z.B. mit der ganzen Härte des Gesetzes gegen Straßenkinder, Drogenabhängige oder Jugendbanden vorgeht, wird die Problematik nur weiter verschlimmern, als dass er in irgendeiner Weise Abhilfe schaffen würde. Man schaue sich nur die südamerikanischen Beispiele (*Maras*) an, in denen durch immer schärferes Vorgehen des Gesetzes gegen die Jugendbanden deren Brutalität immer weiter anwuchs.

= die Schatten werden abgelehnt und unterdrückt und wachsen sich zur wahrhaften Störung der öffentlichen Ordnung aus - ein Menschenleben scheint nichts mehr zu zählen

Einzig ein gesellschaftlicher Einsatz für Kommunikation, Deeskalation, Bildungs- und damit verbunden Berufsaussichten, ein Engagement also für diese Kinder (oder für Drogenabhängige), wird die Problematik entschärfen und Erfolge zeitigen.

= Annahme des Schattens als Lösung und Weg zur Heilung der gesellschaftlichen Wunden

Zu (5): Ich möchte hier noch ein Beispiel dieses Prinzips (= Gesetz der Schatten) aus unseren Bildungsanstalten aufzeigen: Gleiches, wie bei der Jugendkriminalität beschrieben, gilt bei Störungen im Klassenraum (*wenn auch, der Göttin sei Dank, noch immer in abgeschwächtem Ausmaß*). Das Unbehagen der Schüler ist ernst zu nehmen, aufzugreifen und in einem gemeinsamen Weg des Schülers mit dem Lehrer zu kanalisieren

= Annahme der Schatten

Wer diese Störungen und das jugendliche Fehlverhalten immer nur unter Zuhilfenahme rigider Maßnahmen zu unterdrücken versucht - und sei es aus der eigenen Hilflosigkeit heraus - verschlimmert mit seinem Konfrontationskurs lediglich die Situation bis hin zur Eskalation.

= die Schatten nehmen durch die negative Aufmerksamkeit der Ablehnung an Potential und Stärke zu

Wir nennen die erschreckenden Ergebnisse dann beispielsweise Amoklauf an einer Schule und bedauern die Tragödie zutiefst.

= die Schatten explodieren ins Licht und die Situation eskaliert

Andererseits sinkt die Wahrscheinlichkeit, dass ein Schüler oder eine Schülerin, der/die sich ernstgenommen fühlt, derart reagiert, praktisch gegen Null.

= Integration durch Annahme

Dies soll nicht heißen, dass wir bei unseren Sprösslingen alles durchgehen lassen sollten, sondern vielmehr, dass man sie ernst nimmt und mit ihnen gemeinsam nach einer Lösung sucht.

Zu (6): Natürlich ist es einfach, gegen Walfang zu sein und ihn verbieten zu wollen.

= Verbot der Schatten

Was aber treibt die Walfang betreibenden Nationen, allen voran Norwegen und Japan, dazu, hierauf zu beharren? Es sind letztendlich wirtschaftliche Gründe, die im breiten Spektrum von Existenzangst bis Habgier ihre Wurzeln finden. Und genau hier gilt es anzusetzen. Wäre es nicht möglich, diesen allesamt reichen Nationen Wege jenseits von Angst und Prestige aufzuzeigen, die sie selbst - von sich aus - zu maßgeblichen Verfechtern eines globalen Verzichtes auf Walfang werden ließe? Ist es nicht möglich, ihre Ängste und ihr Streben nach allgemeinem Wohlstand anzunehmen, ohne es zu verdammen und für eine bessere Welt zu nutzen? Beispielsweise in Form von *whale-watching* und ähnlichem? Ich bin mir sicher, es gäbe Wege zur Schaffung allgemeiner *win-win-Situationen*.

Zu (7): Wer gegen die Todesstrafe argumentiert, wird nur dafür sorgen, dass auch deren Befürworter ihre Argumente präzisieren und ihre Anhänger um sich scharen.

= Stärkung der Schatten durch Ablehnung

Die bessere Alternative ist der Einsatz für das Leben, lebenswerte Bedingungen und das Lebensrecht jedes einzelnen.

= Integration der Schatten, dadurch, dass man sie ernst nimmt

Nur so wird man dafür sorgen, dass mittelfristig die Anzahl der Gewaltverbrechen zurückgeht und sich langfristig, irgendwann, die Debatte für oder gegen Todesstrafe von selbst erledigt, so wie heutzutage niemand mehr für Hexenprozesse oder Inquisition ist - von ein paar ganz Unbelehrbaren vielleicht einmal abgesehen.

= Heilung durch Integration

Aus dem Gesetz der Schatten lernen wir, dass wir niemals in einem **"entweder oder"** denken, fühlen oder handeln sollten, da dies bereits mittelfristig immer nur zur Verdrängung und zum Nachteil gereicht. Vielmehr ist das **"sowohl als auch"** die entscheidende, integrierende und Erfolg erzielende Weise!

*Wir haben nun große Teile der Ebene der Polarität durchschritten und hoffentlich anhand der Beispiele auch verstanden. Gemeinsam mit den Gesetzen des Heilseins gelangen wir so zu einem durchaus ganzheitlichem Verständnis von Heilsein, welches ich in seiner Praxis als **"Inlinement"** bezeichne, also als ein durchgängiges Heilsein auf allen Ebenen in einem gesunden Spannungsverhältnis der verschiedenen Polaritäten und Pole. Noch ist Polen nicht verloren (kleiner Scherz).*

Die Herstellung von "*Inlinement*" für unsere großen menschlichen Ziele, also deren Erreichen auf allen Ebenen, entspricht vielleicht der höchsten Lebenskunst, zu welcher der Mensch fähig sein mag: Liebe, Glück, Heilsein (Gesundheit), Frieden, Wohlstand, innerer und äußerer Reichtum, Freiheit, Erfolg, Freude und Freunde auf allen Ebenen.... "*Inlinement*" eben!

Haben wir wichtige Ziele vergessen, so tragt sie bitte hier nach. Hier ist auch Platz für Ihre ganz persönlichen Ziele :

Auf dem Gebiet der Polarität kann man zwei weitere, kleinere, wenn auch ebenfalls grundlegende Gesetze erkennen: Das Gesetz des Impulses und jenes der Kausalität.

15. Das Gesetz des Impulses
Das Gesetz lautet: Auf Impulse folgt eine Reaktion!

Das Gesetz des Impulses besagt, dass wir Impulse in uns haben, die gelebt werden wollen, sollen daraus keine Schatten entstehen. Unsere drei Möglichkeiten sind:
a) die Impulse konkret ausleben;
b) die Impulse sammeln und sodann gezielt umsetzen;
c) die Impulse spielerisch umsetzen, ohne sie Realität werden zu lassen, sie also transformieren.

Ein Beispiel: Der Impuls lautet, jetzt mit Arbeiten aufzuhören und einen Waldspaziergang zu machen. Erste Möglichkeit (a): Ich tue genau dies! Zweite Möglichkeit (b): Ich unterdrücke den Impuls noch etwas, arbeite also weiter, blocke mir aber in meiner Agenda in drei Tagen einen Termin für einen ausgedehnten Waldspaziergang, den ich dann auch bewusst wahrnehme. Dritte Möglichkeit: Ich lasse den Wunsch nach einem Waldspaziergang in meine Arbeit kreativ miteinfließen (dies geht nicht in allen Berufen) und transformiere ihn so. Beispielsweise könnte ich mir den Waldspaziergang in einer Meditation visualisieren oder ich spiele mit meinen Kindern Wald etc. pp. Der Phantasie sind hierbei keine Grenzen gesetzt, wichtig aber ist es, den Impuls auch wirklich aufzugreifen und auf die eine oder andere Weise zu symbolisch oder in unserer Vorstellung zu transformieren.

Sollte die Reaktion auf den Impuls unsererseits allerdings ausbleiben, reagiert der Impuls gewissermaßen selbst, verdunkelt sich und lebt als Schatten weiter. Was Schatten anrichten können, wissen wir bereits. Die Ignoranz unserer Wünsche und Impulse wird also mittelfristig zu Unglück oder Krankheit führen.

16. Das Gesetz der Kausalität
Das Gesetz lautet: Nichts geschieht grundlos!

Das Gesetz der Kausalität wird auch als Gesetz von Ursache und Wirkung bezeichnet. Es ist ein weiteres Folgegesetz auf dem Gebiet der Polarität, da es ohne das Spannungsverhältnis diametral gegenüberliegender Pole weder irgendeine Ursache noch irgendeine Wirkung gäbe. Alles wäre immer unveränderlich eins, was es in Wirklichkeit ja auch ist. Genau genommen gibt es weder Polarität noch Kausalität! Wir haben uns nur daran gewöhnt, die uns umgebende Erscheinungswelt der Dinge polar und grob-kausal zu betrachten, also voneinander getrennt und auf scheinbarer Ursache und Wirkung basierend. In Wirklichkeit wird die Welt von unserem Bewusstsein jeden Augenblick grundlos aufs Neue zusammengesetzt!

Das Problem ist nur, dass sich auf der Ebene, auf welcher wir uns momentan befinden, diese Grundlosigkeit nicht mehr existiert. Das Gesetz der Kausalität führt deshalb aus, dass alles, was geschieht, eine Ursache und damit einen Grund habe. Jede Wirkung hat eine Ursache! Jede Ursache hat eine Wirkung! Jedes Ereignis ist also lediglich die Folge einer zeitlich vorangegangenen Ursache und somit unterliegt alles dem *Karma*! Ein Begriff übrigens, den ich später im Zusammenhang mit dem "Gesetz des Ausgleichs, der ausgleichenden Gerechtigkeit oder des Karmas" näher erläutern werde. Es ist hiermit keine Wertung verbunden!

Das Gesetz der Kausalität geht sogar noch weiter: Nicht nur jene Dinge und Ereignisse, deren folgerichtige Wirksamkeit uns mehr oder weniger verständlich ist, erfolgen kausal, sondern insbesondere auch jene Zu-fälle, Zeichen und Synchronitäten, die wir in der Natur vorfinden. Auch hier ist ein höheres Bewusstsein am Werk, welches uns unseren eigenen Gemütszustand widerspiegelt. Wir haben es mit Systemen höherer Ordnung zu tun, welche so komplex sind, dass der menschliche Verstand geneigt ist, eine diesbezügliche Verbindung auszuschließen. Und doch geschieht nichts grundlos, alles hat Ursache, Sinn und Auswirkung. Und wenn ich sage "alles", so meine ich es auch so: Empfindungen, Gefühle, Gedanken, Worte, Taten - alles!

DAS GEBIET DER RESONANZ

Das Gebiet der Resonanz ist - wie bereits erwähnt - neben den Gebieten der Liebe, des Heilseins sowie der Polarität das vierte und letzte, mit welchem wir uns innerhalb der irdischen Ebene beschäftigen wollen. Hierbei sollten wir, ebenso wie bei den drei bereits vorab behandelten Gebieten, wissen, dass ihre Gesetze mitsamt der sogenannten "irdischen Ebene" sehr weit über die Grenzen der Erde hinaus Gültigkeit besitzen, wenn auch nicht im gesamten Universum. Die Gebiet der Resonanz verstärkt insbesondere die Aspekte unseres weltlichen Erfolges und Glücks, denn für diese beiden Ziele ist ihr Verständnis mit seinen zahlreichen Folgegesetzen fundamental. Die Resonanz wurde von uns dem Osten zugeordnet, da hier über unser eigentliches Schicksal entschieden wird. Wir sind es, die darüber entscheiden!

17. Die allgemeinen Resonanzgesetze
Das erste Gesetz lautet: Gleiches zieht Gleiches an!
Das zweite Gesetz lautet: Gleiches zieht polar Gegenüberliegendes an!

Die allgemeinen Resonanzgesetze sind vielleicht die wichtigsten Folgegesetze der Polarität und ihrer Gesetzmäßigkeiten und stehen diesen zugleich in nichts nach, denn sie sind ausschlaggebend für den Erfolg oder Misserfolg in unserem Leben.

Je nachdem, welches Resonanzfeld ich um mich durch meine Gedanken, Gefühle, Worte und Taten aufbaue, werde ich Gleiches anziehen und anderes verhindern. Baue ich mit all meinem Sinnen, Trachten und Handeln ein Resonanzfeld der Reinheit, des Wohlstandes und der Gesundheit um mich herum, selbst wenn ich noch wenig besitze und vielleicht sogar noch von der einen oder anderen Krankheit geplagt werde, so kann ich sicher sein, dass ich eben genau dies sein werde: rein, reich und richtig gesund.

Je umfassender es mir gelingt, ein positives, harmonisches Resonanzfeld auf meine gesamte Lebenssituation zu übertragen, also beispielsweise auch auf mein Erscheinungsbild (Kleidung, Gangart, Mimik etc.) und meine Wohnsituation (Wohnung, Umgebung etc.), desto früher und sicherer werde ich noch mehr Wohlstand und Vitalität erhalten, als ich mir ohnehin bereits kreiert habe.

Im anderen Fall wird, wer sich hängenlässt, schlecht denkt, negative Gefühle hegt und nährt etc., eben genau dies in der Welt gespiegelt bekommen und auch erfahren. Es liegt also an uns selbst! Jeder ist seines Glückes Schmied, weshalb sich auch niemand solle beklagen!

Auch der Volksmund kennt das Resonanzgesetz in seinen beiden Ausführungen. Er sagt: "Gleich und Gleich gesellt sich gern" (= erstes Resonanzgesetz) ebenso wie "Gegensätze ziehen sich an" (= zweites Resonanzgesetz).

Im zweiten Gesetz der Resonanz kommt zum Ausdruck, dass auch das polar Entgegengesetzte angezogen wird, welches ja das gleiche Schwingungsmuster aufweist, lediglich mit einem entgegengesetzen Vorzeichen. Alles strebt also nach Ausgleich (Gesetz des Gleichgewichtes). Um ein Beispiel aus dem realen Leben zu geben: Um den Reichen lagern sich zunächst andere Reiche, sodann jedoch ein ganzes Heer von Armen, die ein neues Gleichgewicht fordern. Irgendwann werden sie es auch erlangen, sei es durch Zwang und Revolte oder durch Einsicht der Reichen und deren freiwillige Abgaben (Gesetz des Ausgleichs). An diesem Beispiel lässt sich erkennen, dass wir nur dann dauerhaft das Gute für uns bewahren können, wenn wir andere daran teilhaben lassen!

Manche sprechen hierbei auch vom **Gesetz der Nivelierungskräfte**: Alles Zuviel und alles Zuwenig im All wird ausgeglichen! Was zu viel und was zu wenig ist, darüber entscheidet unsere Wahrnehmung. Wir nehmen wahr, worauf wir unser Augenmerk richten! Was wir wahr-nehmen ist dann übrigens auch "wahr" - eine Tatsache, die oft verkannt wird. Doch kommen wir zurück zum Thema: Letztendlich ist es unsere eigene persönliche Aufmerksamkeit (Augenmerk), die den Ausgleich oder das neue Gleichgewicht in Form aktiv waltender Nivelierungskräfte herbeiführt. Wenn wir einer Sache zu viel Bedeutung beimessen, wird sie sich gegen uns kehren. Wenn wir sie zu wenig beachten, wird sie beginnen ihr Recht auf Wahr-nehmung einzufordern. Dies geschieht zunächst durch Zeichen, später dann durch kleinere Missgeschicke bis hin zu wahrhaften Schicksalsschlägen - wobei es wieder wir selbst sind, die dieses unser "Schicksal" zu verantworten haben! Das rechte Maß zu halten ist die Kunst.

Die allgemeinen Resonanzgesetze mit ihren Folgegesetzen gehören sicher zu den wichtigsten Schicksalsgesetzen überhaupt, da ihr Begreifen ein Verständnis des grundlegenden Aufbaus des Universums beinhaltet: Alles Existierende besteht aus elektromagnetischen Wellen und schwingt. Auch Resonanz ist zunächst ein physikalischer Begriff, der aber in seiner Bedeutung für unser Leben viel umfassender ist, als man zunächst vielleicht vermutet.

Die durch die elektromagnetischen Wellen hervorgerufenen Schwingungen der gesamten Schöpfung - also auch unserer biosoziologischen Einheiten, die wir "Körper" oder "Persönlichkeit" nennen - bilden Resonanzfelder. Man kann diese "Felder" auch morphogenetische Felder bezeichnen, wobei *morphogenetisch* lediglich meint, dass diese gestaltbildend sind. Das Universum besteht hieraus. Wir selbst sind nichts anderes. Alles an uns (Körper, Geist und Seele) besteht aus Resonanzfeldern, ja ist nichts anderes. Insofern ist es schon rein physikalisch richtig, davon zu sprechen, dass wir eins mit der Schöpfung sind!

Zur vollständigen Verständnis des Gesetzes der Resonanz gehört auch die Erkenntnis vom Wirken des Universums. *Lassen Sie mich meine Philosophie doch bitte zu Ende ausführen und urteilen Sie dann, ob ich recht geschrieben habe*: Das Universum ist der materielle Teil des einen Bewusstseins. Seinen immateriellen Teil nenne ich Kosmos.

Der Kosmos hat zwei Eigenschaften:
a) Er erfüllt alle unsere Wünsche, materialisiert Gedanken, erfüllt Befürchtungen. Er spiegelt so die Gesamtheit unserer Glaubensgrundsätze wieder!
b) Es ist ihm völlig egal, was wir uns "bestellen". Er ist gleichgültig. (Siehe auch: Gesetz der Kokreation durch den Menschen!)

Man sollte diese "Gleichgültigkeit" des Universums uns gegenüber andererseits auch nicht mit "Lieblosigkeit" verwechseln, denn in Wahrheit beinhaltet diese "Nichteinmischung göttlicher Kräfte" eine uns Menschen (und anderen *Wôlgmaren*) garantierte, größtmögliche, ja umfassende Freiheit, also die höchste Form möglicher Liebe !!!

Innerhalb des Kosmos gibt einen bisher unzureichend erforschten Hyperraum, auf welchem (möglicherweise durch Wurmlöcher) Informationsübertragung, also Kommunikation stattfindet. Möglicherweise ist der Kosmos sogar mit diesem Hyperraum identisch. In der Praxis spielen solche Spitzfindigkeiten jedoch keine Rolle. Sie sind lediglich physikalische Erklärungsversuche für die Wirksamkeit der allgemeinen und speziellen Resonanzgesetze.

Zu den Folgegesetzen der allgemeinen Resonanz gehören nunmehr:
das Gesetz des Ausgleichs und der Erhaltung;
die fünf Gesetze der Veränderung;
das Gesetz der Synchronität;
das Gesetz der Reihe;
das Gesetz der Analogie;
das Gesetz der Kokreation;
das Gesetz der Relativität;
das Gesetz der Spiegelfunktion;
das Gesetz der Wahrscheinlichkeit;
das Gesetz der Beharrlichkeit;
das Gesetz der Hierarchie sowie
das Gesetz der Gleichwertigkeit.

Alle diese Gesetze lassen sich durch allgemeine Resonanz herleiten und erklären oder stehen doch zumindest mit dieser in Verbindung! Beginnen möchte ich nunmehr mit dem Gesetz des Ausgleichs und der Erhaltung, einem weiteren maßgeblichen Grundprinzip...

18. Das Gesetz des Ausgleichs und der Erhaltung
Das Gesetz lautet: Energie geht nie verloren, sie wandelt sich nur!

Das Verständnis von Energie ist grundlegend für das Verständnis der Schicksalsgesetze. Alles ist Energie und Energie geht nie verloren, sie wird höchstens umgewandelt, wie es auch die folgenden fünf Gesetze der Veränderung darlegen. Mehr gibt es eigentlich zu diesem Gesetz schon nicht mehr zu sagen. In der Praxis lässt es sich überall beobachten. Beispielsweise in der Natur: Aus Pflanzen werden Kühe. Aus der Kuhmilch wird Mensch. Der Mensch scheidet aus und stirbt. Humus entsteht aus ihm. Aus dem Humus erwachsen neue Pflanzen oder Bäume. Bäume wurden zu Erdöl. Hieraus wird Plastik hergestellt. Auch Plastik ist somit ein "natürliches" Produkt, denn der Mensch, der diesen Abfall produziert ist ein "natürliches" Wesen, welches Plastik mit dem ihm zur Verfügung stehenden "natürlichen" Verfahren "natürlich" produziert und gemäß seiner Art in der Natur verteilt, wo es wiederum irgendwann umgewandelt wird. Wenn auch niemand weiß, was mit den gigantischen Mengen an Plastik auf Land und im Meer wirklich eines Tages geschehen wird, so ist dessen letztendliche Zersetzung doch gewiss...

Energie und Materie gehen und vergehen in Kreisläufen. Es ist jedoch immer nur Transformation, niemals Verlust von irgend etwas. Die entsprechenden atomaren Grundbausteine bleiben immer erhalten. Auch die zur Verfügung stehende Energiemenge bleibt immer gleich. Egal, ob der Mensch überlebt oder nicht...

Vergessen Sie bitte nie, wir sind nichts als Göttliche Narren. Lassen Sie uns daher dieses Schauspiel mit der nötigen Gelassenheit verfolgen...

In der Anwendung für unser Leben besagt das Gesetz des Ausgleichs, dass keine Bemühung umsonst ist; oder: <<Was man sät, das wird man ernten.>> Daher spricht man hier auch vom **Gesetz des Karmas oder dem Gesetz der ausgleichenden Gerechtigkeit.**

Unter Karma (germanisch: *Wyrd*) ist übrigens all das zu verstehen, was wir in der Vergangenheit aussandten, also gleichermaßen gute und schlechte Gedanken, Worte, Taten... die jetzt zu uns zurückkehren. Dies ist das **Gesetz des Karmas**: Alles, was wir je taten, tun oder tun werden, wird auf uns zurückfallen! Energie in Form von Empfindungen, Gefühlen, Aussprüchen oder Handlungen geht also niemals verloren, sondern wandelt sich lediglich um und kommt auf uns zurück.
In seiner praktischen Anwendung sagt das Gesetz des Ausgleichs und der Erhaltung nichts anderes aus, als dass es sich auszahlt "gut" zu sein, denn **gut sein ist gut!**

In seiner prägnantesten Form lautet das Gesetz: "Was wir anderen antun, kommt zu uns zurück, sei es gut oder böse!" Ein anderer Name hierfür ist: **Gesetz der Ernte**. In dieser Form kennt es auch der Volksmund: "Wer anderen eine Grube gräbt, fällt selbst hinein!"

Im Bezug auf Polarität besagt das Gesetz des Ausgleichs, dass, was auch immer aus der Einheit zu fallen scheint, durch seinen Gegenpol ausgeglichen wird und letztendlich in die Einheit heimkehrt! Ein Vorgang, der mehr oder weniger schmerzhaft zu verlaufen vermag.

19. Die Gesetze der Veränderung

Das erste Gesetz lautet: Energie wandelt sich solange, bis ein Gleichgewicht hergestellt wird! (= Gesetz des Gleichgewichts)

Das zweite Gesetz lautet: Alles ist in ständigem Wandel!
(= Gesetz des Wandels)

Das dritte Gesetz lautet: Alles kehrt immer wieder!
(= Gesetz der Wiederkehr)

Das vierte Gesetz lautet: Alles verläuft zyklisch!
(= Gesetz der Zyklen)

Das fünfte Gesetz lautet: Alles geht immer weiter!
(= Gesetz des Kontinuums)

Diese Gesetze der Veränderung überlappen sich vielfach uns sind oftmals nicht klar voneinander zu trennen. Betrachten wir dennoch die fünf Gesetze im einzelnen...

Das Gesetz des Gleichgewichts

Das Gesetz lautet: Energie wandelt sich solange, bis ein Gleichgewicht hergestellt wird; oder: Alles findet immer wieder in sein natürliches Gleichgewicht!

Das Gesetz des Gleichgewichts lässt sich einerseits als eine Zuspitzung des Gesetzes des Ausgleichs und der Erhaltung verstehen: Alles wird sich wieder auf ein natürliches Gleichgewicht einpendeln. Wenn beispielsweise ein Biotop oder ein ganzer Naturraum durch den Eingriff des Menschen nachhaltig gestört werden, bewirkt das Gesetz des Gleichgewichtes, dass sich dennoch eine neue Harmonie unter den verbliebenen Teilen herstellt. Was auch immer geschieht: Es wird sich ein neues Gleichgewicht einpendeln. (Und zwar meist schneller ohne den erneuten Eingriff des Menschen als mit diesem.)

Zum anderen befindet sich im Gesetz des Gleichgewichtes bereits eine Vorwegnahme des Gesetzes der Einkehr oder Rückkehr zum natürlichsten und ursprünglichsten aller Zustände. Das Gesetz des Gleichgewichts wirkt mehr wie ein Prinzip, da auch das neue Gleichgewicht wiederum von außen gestört werden kann. Es ist noch immer bedroht. Das Gesetz der Einkehr hingegen ist auf gewisse Weise endgültig. All das, was seine wahre Heimat gefunden hat, wird auch darin verweilen.

Das Gesetz des Wandels
Das Gesetz lautet: Alles ist in ständigem Wandel!

Nichts bleibt wie es ist. Alles verändert sich stetig. Nichts hält für immer. Alles geht vorüber. Das Gesetz des Wandels lässt sich einfach und unmittelbar aus direkter Naturbeobachtung ableiten und steht wohl außer Frage.

In seiner praktischen Anwendung fordert uns das Gesetz des Wandels auf, nicht an Dingen zu hängen, sondern selbst mit dem Fluss des Lebens zu fließen. Alles geht vorüber. Es hat keinen Sinn, an irgendetwas zu hängen. Vielmehr sollten wir all jene schönen Momente, die uns das Leben bietet, genießen.

Meines Erachtens sind es drei Dinge, die uns immer wieder von der ursprünglichen Einheit abzutrennen scheinen:

a) Die Wertung (beispielsweise in "gut" oder "schlecht")

In Wirklichkeit kommt es immer nur auf den eigenen Standpunkt an: Was für den einen gut erscheint, ist für den anderen schlecht, obwohl von einer höheren Warte aus betrachtet es genau umgekehrt sein kann. Von ganz oben aber betrachtet, gibt es diese Wertung nicht!

b) Die Trennung an sich, dass wir beispielsweise unterscheiden zwischen "ich" und "du", Geist und Materie oder dem Menschen und seiner Seele. Bei genauerer Untersuchung gibt es diese Unterscheidung nicht! Und schließlich:

c) Das Festhalten wollen. Es gibt nichts, was sich festhalten ließe. Alles fließt, ist Fluss, geht und vergeht und kommt immer wieder...

Das Gesetz der Wiederkehr
Das Gesetz lautet: Alles kehrt immer wieder!

Die Veränderung ist das einzig Sichere im menschlichen Leben und auch überhaupt. Alles ist veränderlich und doch unsterblich. Für uns Wesen bedeutet dies, das wir alle der Wiedergeburt unterliegen, da der Tod nichts anderes ist, als der Wandel von einem Bewusstseinszustand in einen anderen und wieder zurück in in neues inkarniertes Leben. Dieser Wandel geschieht andauernd und es ist verwunderlich, wie wenig wir uns seiner bewusst sind oder wie viel Angst manche vor ihm haben.

Da alles wieder kehrt, warum sich sorgen? Warum Kummer und Leid empfinden? Die Dinge sind nun einmal, wie sie sind. Kein Mensch kann sie stoppen. Auch aus diesem Schicksalsgesetz spricht wieder ganz deutlich die Aufforderung: Freuen Sie sich, denn das Leben ist schön! Freuen Sie sich, denn Sie sind am Leben, dürfen Erfahrungen sammeln und sind unsterblich, denn immer wieder werden Sie kehren. Zumindest solange, bis Sie nicht mehr wollen (*oder die Straße sauber ist*), denn das Gesetz des freien Willens (s.o.) steht eindeutig noch über jenem der Wiederkehr!

Auf den Menschen oder alle irdische Kreatur bezogen spricht man vom Gesetz der Wiederkehr, auch vom **Gesetz der Wiedergeburt** oder dem **Gesetz der Reinkarnation**.

Im Zusammenhang mit dem Gesetz des Ausgleichs erkennen wir, dass, obwohl sich die Dinge ständig verändern, die ihnen zugrundeliegenden Urkräfte doch die gleichen bleiben und in immer neuen Farben, Formen und Facetten in die Welt zurückkehren. D.h.: Alles kommt immer wieder neu zum Tragen! Dies gilt gleichermaßen für Menschen, Moden, Gefühle, Gedanken, Ideen, materielle Erscheinungen und dergleichen mehr. Auch das Gesetz der Wiederkehr ist als universales Gesetz auf alles anwendbar!

Hat man das Gesetz der Wiederkehr erst einmal ganzheitlich verstanden, wird dessen Erkenntnis auch das nun folgende Gesetz der Zyklen umfassen...

Das Gesetz der Zyklen
Das Gesetz lautet: Alles verläuft zyklisch; oder: Alles kehrt im Zyklus ewig wieder!

Das Gesetz der Zyklen ist lediglich eine andere Schreibart des Gesetzes der Wiederkehr: Alles verläuft zyklisch und kehrt ewig wieder. Alles wird zum Abschluss gebracht und kehrt immer wieder. Offensichtliche Beispiele des Gesetzes der Zyklen sind der Wechsel von Tag und Nacht (Erddrehung), die Monate (Monddrehung), der Jahreskreis (Sonnendrehung), der Kreis der Gestirne (Drehung der Galaxien) oder die Zyklen des Lebens von Geburt - Wachstum - Alter - Tod und Wiedergeburt (Gesetz der Wiedergeburt). Meines Erachtens steht der zuletzt genannte Lebenszyklus, das Lebensrad, mit grundlegenden Drehbewegungen des gesamten Universums in Verbindung, was ich allerdings nur intuitiv fühlen und nicht wirklich begründen kann.

Eine andere hermeneutische Version des Gesetzes der Zyklen ist: "Was hochgeht, kommt auch wieder runter." Dabei muss ich immer an meinen Opa denken, wie er seine Kappe durch den Kirschbaum warf, mit der Begründung, einen gut geschnittenen Baum erkenne man daran, dass man seine Kappe hindurchwerfen könne. Sie blieb übrigens hängen.

Zwar steht das Gesetz des Zyklus offensichtlich mit den beiden ursprünglichen, allgemeinen Resonanzgesetzen in Verbindung, da es letztendlich diese sind, welche die Zyklen hervorrufen. Und doch erscheint es uns teilweise noch älter als alle Resonanz, zurückreichend zum Anbeginn der Zeit. Wer weiß denn, ob die Zeit selbst (zumindest auf dieser Ebene) nichts anderes als ein Zyklus ist und ewig wiederkehrt? Wer sich nicht freiwillig dem Zyklus hinschenkt, wird von diesem unfreiwillig hinweggerissen und hinweggefegt. Es bleibt Ihnen also keine andere Möglichkeit, als sich vertrauensvoll diesen Zyklen hinzugeben und darauf zu vertrauen, dass Sie bereits durch alle Evolution hindurch bestens an die ständigen Veränderungen angepasst sind.

In der Praxis dürfen wir an den natürlichen Zyklen teilhaben und uns ihrer erfreuen. Sie gehören so sehr zum Menschen wie dieser wiederum in die Schöpfung. Ein Zyklus ohne Menschen darbt. Ein Mensch ohne Zyklen erkrankt.

Das Gesetz des Kontinuums
Das Gesetz lautet: Alles geht immer weiter!

Es gibt kein wirkliches Ende, immer nur Übergänge von einem Stadium ins nächste. Transformation findet wohl statt (Gesetz des Wandels), aber das Kontinuum bleibt ungebrochen. Ein Widerspruch? Ich denke nicht. Das Leben geht weiter, wenn auch seine Form sich wandelt. Auch der individuelles Leben beendende Tod ist nur ein Tor in eine andere Bewusstseinsstufe.

Letztlich ist das Gesetz des Kontinuums wieder nur eine andere Variante der Gesetze der Veränderung, von Gleichgewicht, Wandel, Wiederkehr und Zyklus. Stilistisch einfach und doch überzeugend führt es aus: **Alles geht immer weiter!** Oder wie der hessische Fußballtrainer sagte: "Es Lebbe geht weiter." Oder die Mantrasänger singen: "Lasst den Kreis geöffnet sein, aber ungebrochen." Der Kreis, der Zyklus, das Leben, was auch immer es sein mag, ist ungebrochen: Alles geht immer weiter - ein universelles Gesetz!

Verlassen wir nunmehr die Gesetze der Veränderung in ihren verschiedenen Facetten und wenden uns dem nach unserer Zählweise zwanzigsten Gesetz zu, dem Gesetz der Synchronität...

20. Das Gesetz der Synchronität
Das Gesetz lautet: Bedeutsame Dinge geschehen oftmals zur gleichen Zeit!

Auch das Gesetz der Synchronität ist im Prinzip eine einfache Folge aus dem Aufbau unseres Universums in Resonanzfeldern. Aufgrund der Änderung eines einzigen Feldes, beispielsweise durch ein bedeutsames Ereignis, sprich eine morphogenetische (gestaltbildende) Veränderung, ändert sich auch das gesamte Umfeld dieses Feldes. Das heißt, dass auch die umliegenden Resonanzfelder, die mit dem Ursprungsfeld in Verbindung standen und idealerweise im Einklang schwangen, Veränderungen erfahren. Hierdurch wiederum treten auch dort, mit minimaler Zeitverschiebung oder gar exakt zur gleichen Zeit, die gleichen Ereignisse ein, wie im Ursprungsfeld.

Die Ursache (ein Ereignis) bewirkt eine Veränderung, welche wiederum zur Ursache einer weiteren Veränderung in Form der Wiederholung des Ursprungsereignisses wird - und immer so weiter. Ursache und Folge bewirken sich also gegenseitig! Es gibt kein Entrinnen aus dem Universum. Was auch immer ich tue, hat Auswirkungen, die sich wiederum an mir selbst vollziehen werden. Die Ordnung ist unerbittlich und doch sind wir frei, in ihr das zu bewirken, was wir uns wünschen.

Ich spielte Gitarre mit einem Freund. Nur durch ein kurze Zeitintervall versetzt riss uns beiden die gleiche Saite. Es mag dies kein bedeutsames Ereignis sein, doch verdeutlicht es gut das Wirken von Synchronität: Wo Harmonie herrscht, ist Verbindung. Wer offen ist für diese Sachverhalte wird sie in seinem Leben zuhauf finden!

Das Gesetz der Synchronität ist zugleich eine Art temporale Variante des Gesetzes der Holografie, in welchem Ereignisse örtlich parallel zueinander auftreten. Wir untersuchten dieses Gesetz bereits auf der zweiten Ebene unserer Reise. Das Gesetz der Synchronität führt nunmehr aus, dass diese Übereinstimmungen zudem zeitgleich oder doch nur minimal zeitlich verschoben erfolgt.

Zunächst scheint das Gesetz der Synchronität im Widerspruch zum Gesetz der Kausalität zu stehen, da hier eben gerade nicht stringent kausale Ursachen, nämlich bloße Synchronität, zugleich als Ursache und Wirkung eines parallel geschehenen Ereignisses angenommen werden. Der Widerspruch besteht aber nur scheinbar. Die Ursache der parallelen Ereignisse liegt in dem bereits skizzierten morphogenetischen, also gestaltbildenden Hyperraum, der eine Art übergeordnete Kausalität darstellt. Dieser kosmische Hyperraum kommt im Gesetz der Synchronität zu seiner vollen Entfaltung.

Das Gesetz der Synchronität erinnert uns ferner an die Gesetze der Resonanz und des Ausgleichs. Die allgemeinen Resonanzgesetze besagen: "Gleiches zieht Gleiches an!" und "Gleiches zieht polar Gegenüberliegendes an!" Beim Gesetz der Synchronität zieht also jedes beliebige Ereignis weitere nach sich, wobei es an uns liegt, diese Ereignisse als Zeichen zu lesen und ihnen jene Bedeutung zuzusprechen, die ihnen unserer Meinung nach zukommt. Wer diese Fähigkeit für sich erlernt, dem wird die Welt zu Füßen liegen. Ignorieren wir hingegen selbst die offensichtlichsten Zeichen, werden uns schon bald jene "Schicksalsschläge" ereilen, von denen wir gelernt haben zu fragen: Warum ich? Die Antwort mag nicht schön sein, aber sie ist richtig: Sie, da Sie die Zeichen nicht beachteten! Bleiben Sie also aufmerksam, ohne sich zu ängstigen! Seien Sie bewusst, ohne sich anzuspannen! Vertrauen Sie, ohne zu vergessen, im richtigen Augenblick auch zu handeln. In der Beachtung und Wertschätzung von Synchronität liegt einer jener Schlüssel, die zwangsläufig zu einem glücklichen Leben führen!

Das Gesetze des Ausgleichs lautet: "Energie geht nie verloren, sie wandelt sich nur!" Beim Synchronitätsgesetz kollabiert diese Kraft in mehr oder weniger bedeutsamen Ereignissen.

In seiner extremsten Variante lautet das Gesetz der Synchronität: Alles geschieht zur gleichen Zeit! In der Realität tritt es aber aufgrund der Wechselwirkung mit anderen Gesetzen meist in abgeschwächter Form in Erscheinung, da hier verschiedene Realitäten überlappen. Selbst wenn sie für sich genommen sich alle diese Welten voll entfalten, wird das erfahrbare Endergebnis von abgeschwächter Wirkkraft sein, weshalb wir auch nicht herumlaufen sollten und in allem irgendwelche richtungsweisenden oder gar Unheil verkündenden Zeichen zu erblicken. Dennoch sollten wir wachsam bleiben!

Ein weiteres mit der Synchronität eng verwandtes Gesetz stellt das Gesetz der Reihe dar, welches auch als Gesetz der Serie bezeichnet wird. Es wird von mir als nächstes vorgestellt und untersucht.

21. Das Gesetz der Reihe (Gesetz der Serie)
Im Volksmund lautet dieses Gesetz: "Ein Unglück kommt nur selten allein!" und ich wüsste im Moment nicht, wie ich es besser formulieren könnte, es sei denn, dass auch ein "Glück" nur selten alleine kommt!

Als Untergesetz des Resonanzgesetzes fungiert das Gesetz der Reihe für Glücks- und Unglücksfälle gleichermaßen. Befinden wir uns in Resonanz mit disharmonischen Feldern oder bilden durch unsere Ausstrahlung selbst ein disharmonisches Feld, werden sich diese Unstimmigkeiten - dem Gesetz der Ordnung entgegenstehenden Tatsachen - in Form von Missgeschick, Unglück oder Unfall in unserem Leben manifestieren.

Ähnlich wie beim Gesetz der Synchronität, wo gewisse Vorkommnisse zur gleichen Zeit geschehen, wird im Gesetz der Reihe ein und derselben Person immer wieder das gleiche Missgeschick widerfahren oder sie wird vergleichbare Pannen erleben. Sie wird aufgrund ihrer negativen Resonanz sozusagen zum Unglücksmagneten und wird Pech einfach nur anziehen, solange bis die Person, die in ihr liegenden Ursachen für diese Missgeschicke, beseitigt, also ihr eigenes Resonanzfeld in Ordnung bringt. In diesem Fall wird unverzüglich (es sei denn das Gesetz des Karmas würde auch noch ein Wörtchen mitreden) die Pechserie zum Erliegen kommen. Wie bereits bei den Gesetzen der Resonanz, des Karmas (des Gleichgewichts) oder der Synchronität ernten wie lediglich das, was wir zuvor gesät haben. So funktioniert das Universum. Es ist, wie eingangs erwähnt, gegenüber diesen Tatsachen unglaublich gleichgültig und doch großzügig zur gleichen Zeit. Ja, es ist liebevoll, da es uns die 100%ige Freiheit lässt, alle Fehler zu machen, die wir machen wollen. Nur uns selbst vernichten können wir nicht. Unsere Seelen kehren wieder und wieder. Selbst würde es der Menschheit gelingen, unseren wunderschönen Planeten zu vernichten, stünden anderer Sonnensysteme und Planeten für weitere Selbsterfahrungsexperimente zur Verfügung. Es geht immer weiter!

Umgekehrt gilt das Gesetz der Reihe aber sicher auch für die guten Dinge des Lebens, beispielsweise wenn wir eine sogenannte Glückssträhne haben. Unser Resonanzfeld wird dann selbst Glück ausstrahlen und mit dem Urfeld von Glück in Resonanz stehen. In diesem Fall werden wir unwiderstehlich sein. (*Nehmt euch in Acht, ihr Frauen!)* Unser Leben wird sich wie von selbst vergolden! Der Glückspilz ist jener, der mit den Gesetzen der Natur im Einklang steht, der ihre Zeichen beachtet, der in harmonischer Weise interagiert. Er ist es, der immer als richtige Person zur richtigen Zeit am richtigen Platz sein wird.

Gewarnt sei an dieser Stelle jedoch davor, dass nach dem zweiten Gesetz der Resonanz zugleich mit dem Glück auch die ihm gegenüberliegenden morphogenetischen Felder aktiviert werden, was dazu führen wird, dass ebensolche Schatten, Neider und dergleichen mehr an uns herantreten werden, wie dunkle Motten, welche das Licht suchen. Und doch liegt es wiederum an uns, ob wir diesen Zutritt erweisen oder uns auf andere Weise ihrer erwehren können. (Beispielsweise durch Integration dieser dunklen Seiten.)

Nach dem Gesetz der Schatten vermögen wir lediglich jene Dinge langfristig zu beherrschen, die wir in unserem eigenen Herzen integrieren. Nur so werden wir auf Dauer zu Lichtphotonen gleichenden Lichtwesen, denen auch die Gegenseiten, Neider, Schatten und Resonanzdiebe nicht mehr anhaben können. Immer werden auch die **Nivelierungskräfte** eine gewisse Rolle spielen! Sie werden dafür sorgen, dass auch die beste Glückssträhne irgendwann wieder zu Ende geht. Das Leben ist ein Spiel. Man sollte es auch als solches begreifen. Ein Spiel wäre langweilig, gäbe es gewisse Taktiken oder Möglichkeiten, es in jedem Fall zu gewinnen. Da das Leben aber ein interessantes Spiel ist, wird es uns immer wieder herausfordern und wir dürfen diese Herausforderung annehmen und so zu einem immer besseren Mitspieler werden! Zu einem *Glückskrieger*, wenn Sie so wollen. In der praktischen Anwendung gibt uns das Gesetz der Reihe die Aufgabe an die Hand, nach Möglichkeit immer auf die guten Pendel zu setzen und - sollten wir doch eine schlechte Reihe erwischen - vom diesbezüglichen Pendel schnellstmöglich abzuspringen, sollen nicht noch viel mehr unangenehme Dinge unsere Lebensbahn kreuzen.

Zur Erläuterung: Unter Pendel versteht man hierbei jede zielgerichtete Energiebewegung, welche von einem Menschen oder einer Gruppe von Menschen ausgeht. Diese Pendel schwingen hin und her und können entsprechend ihrer Stoßrichtung genutzt werden. Sie sollten aber im Allgemeinfall eher gemieden werden, da sie in der Lage sind, uns zu vereinnahmen und gegebenenfalls sogar zu zermalmen, sollten wir uns ihnen entgegenstellen. Besser ist es also, den Pendeln auszuweichen oder aber sie für eigene Zwecke zu gebrauchen. Dies gelingt uns, wenn wir es gelernt haben, von ihnen auch wieder abzuspringen, sobald ihre Rückwärtsbewegung einsetzt.

22. Das Gesetz der Analogie

Das Gesetz wurde in mindestens drei Formen überliefert:

Wie im Großen so im Kleinen!
(Wie im Kleinen so im Großen!)

Wie außen so innen!
(Wie innen so außen!)

Wie oben so unten!
(Wie unten so oben!)

Das Gesetz der Analogie entspricht dem Prinzip der Entsprechungen von Hermes Trismegistus. Anders ausgedrückt würde man das Gesetz der Analogie heute vielleicht so formulieren: **Es gibt überall analoge Formen!** Zwei Beispiele zur Verdeutlichung seien genannt. Das erste Beispiel für Analogie möchte ich aus dem Bereich der Signaturlehre geben: Die Mistel ist eine Pflanze, die gleichermaßen in alle Himmelsrichtungen wächst, eine Eigenschaft, die ihren Wirkstoffen auch bei der Bekämpfung, des in alle Richtungen wuchernden Krebs, zugute kommt und bei dessen Beseitigung hilft. Das zweite Beispiel sei das bekannte Modell vom Atomkern, welcher von Elektronen umkreist wird, das jenem Bild, der die Sonnen umkreisenden Planeten, sehr nahe kommt. Hier spricht man von Analogie. Man könnte auch so sagen: Wie im Makrokosmos so im Mikrokosmos und wie im Mikrokosmos so im Makrokosmos! Dann aber sind wir bereits wieder beim Gesetz der Holografie angelangt.

Wir sehen, dass die 33 Lebensgesetze nicht wirklich unabhängig voneinander existieren, sondern in Überlappung und Austausch stehen, ein systemisches Netz bilden. Vielleicht ist gerade dieses Netz der vielbeschworene kosmische Hyperraum. Wahrscheinlich sind wir sogar selbst dieses Netz: Alles kommt aus uns und kehrt in uns zurück! Wer die Wahrheit gefunden hat, wird darüber vermehrt schweigen. Es ist so, als wolle man die Farbe gelb singen oder Mozarts Jupitersinfonie über die Geschmacksnerven unserer Zunge begreifen. Wer die Wahrheit erlebt hat, wie soll der sie schildern? Lediglich Analogien könnten hierbei helfen.

Das Gesetz der Analogie wirkt ähnlich wie das Gesetz der Synchronität. Während bei der Synchronität Dinge zur gleichen Zeit oder doch nur zeitlich leicht versetzt geschehen, liegen bei der Analogie vergleichbare Strukturen oder Eigenschaften unterschiedlicher Dinge (teils in unterschiedlicher Größenordnung) parallel vor. Das Gesetz der Synchronität wirkt also zeitlich, jenes der Analogie in erster Linie örtlich, wobei es sich hierbei sowohl um Orte außerhalb als auch innerhalb von uns selbst handeln kann.

Der Unterschied zum Gesetz der Holographie besteht darin, dass sich bei diesem wirklich alles in allem befindet, jede Information also überall im Universum gleichermaßen abrufbar ist. Demgegenüber basiert das Gesetz der Analogie auf Vergleichbarkeit unterschiedlicher Phänomene hinsichtlich ihrer Eigenschaften oder Strukturen.

23. Das Gesetz der Kokreation

Das Gesetz der Kokreation ist das Gesetz der Kokreation durch den Menschen.
Das Gesetz lautet: Der Mensch ist Schöpfer seines eigenen Schicksals!

Der Volksmund sagt: "Jeder ist seines eigenen Glückes Schmied!" Zur Erläuterung dieses Gesetzes muss ich ein wenig ausholen: *Durch eine von mir erprobte Methode intensiven intuitiven Sehens, die ich jetzt jedoch nicht weiter erläutern will, habe ich als die beiden hervorstechenden Eigenschaften des Universums Güte und Gleichgültigkeit identifizieren können. Das Universum wurde von mir also als gleichgültig und gut erkannt und es liegt an Ihnen, hierzu eigene Forschungen vorzunehmen oder sich zumindest probeweise auf die beiden von mir herausgefundenen Prämissen einzulassen. (Der Sachverhalt wurde von mir bereits bei den Erläuterungen zu den allgemeinen Resonanzgesetzen dargelegt und wird hier wieder aufgegriffen.)*

Da das Universum gut ist, wird es auch alle unsere Wünsche erfüllen, da es gleichgültig ist, erfüllt es unsere schlechten Wünsche ebenso, wie alle Ängste, Befürchtungen und Erwartungen. Die sinnvollste Anwendung des Gesetzes der Kokreation liegt also zweifelsohne darin, nur noch gut über andere und anderes zu sprechen und zu denken, denn genau dies wird auch unser eigenes Schicksal sein. Gutsein in Wunsch, Gedanke, Gefühl und Tat wird dreifach zu uns zurückkommen, aber auch unsere Ängste, Befürchtungen und Flüche werden sich für uns realisieren.

Eine vom Universum unabhängige Gottheit habe ich übrigens nicht gefunden! Das heißt: Mein Sehen ergab, dass alles, was uns göttlich erscheint (Weisheit, Güte, Macht, Gerechtigkeit etc.), in Wirklichkeit universell ist, also dem Universum zugehörend und niemals unabhängig von diesem. Auch wir sind ein Teil hiervon! Ich habe weiter erforscht, dass auch auf das Universum selbst, als lebendes Wesen, das erste Gesetz der Einheit, des Bewusstseins und der Energie zutrifft. Das Universum besteht aus Lichtphotonen, aus Liebe, Licht und Energie. Es gibt nichts anderes! Das Universum ist bewusst und alles ist eins! Es ist diese Einheit, die dann - wie im Gesetz der Holographie beschrieben - durch die verschiedenen Ebenen hindurch als Holon, also als Teil eines Ganzen und doch das Ganze selbst, weitergereicht wird und alles Sein durchdringt.

Wenn das Universum andererseits auch dem Gesetz der Veränderung unterliegt und hier insbesondere auch der physischen Umgestaltung, so greift doch auch das Gesetz des Kontinuums, des ewigen Fortbestandes. Wandel und Einheit offenbaren sich so als die zwei Seiten einer einzigen Medaille.

Zusammenfassend lässt sich das hier Gesagte folgendermaßen wiedergeben: Ich habe erkannt (oder glaube erkannt zu haben), dass es keinen Gott unabhängig vom Universum gibt und dass sich dieses, also das Universum oder die Matrix, zugleich gütig und gleichgültig uns gegenüber verhält. Ein Verhalten, das von höchster Weisheit und Liebe zeugt! Wir selbst sind es, die so unsere eigene Welt erzeugen!

Steht diese Erkenntnis nun nicht in einem Widerspruch zum Gesetz des Universellen oder Göttlichen Plans, welches ausführt, eine höhere, wie auch immer geartete Macht, führe Regie in der Entwicklung des Lebens? Keineswegs. Kreation und Kokreation schließen sich in keinster Weise gegenseitig aus, sondern ergänzen und bedingen sich sogar gegenseitig. Erinnern Sie sich: Alles ist mit allem verbunden! Alles steht mit allem in Wechselwirkung! Wir sind eins mit der Matrix! Auf unser tägliches Leben bezogen bedeutet dies beispielsweise, dass uns das Universum immer gibt, worum wir es bitten; ihm andererseits aber unser Wohlergehen vollkommen egal ist...

Ergo: Das Universum ist Gott, die Gottheit (Gott und Göttin), und zeichnet sich bevorzugt durch seine Güte und Gleichgültigkeit aus! Etwas anderes gibt es nicht, wenn auch in ihm, in Gott und Göttin, alles möglich ist! Im Zentrum allen Wandels ist Einheit. Wir waren nie getrennt hiervon! Aus dieser Einheit stammt unsere eigentliche Kraft!

Die größte Liebe ist zugleich die größte Freiheit oder anders ausgedrückt: Keine Liebe ohne Freiheit! *Erinnern Sie sich an das Gesetz des Freilassens oder Seinlassens? In Wirklichkeit ist ja nichts verloren. Wir kehren immer wieder zur Göttin (zur Gottheit) zurück, sind nie von ihr getrennt!*

Fazit: Da dem Kosmos unser Wohlergehen vollkommen egal ist, er andererseits aber alles ermöglicht, gestaltet der Mensch durch seine Überzeugungen, Befürchtungen und Wünsche die Welt. Dies ist es, was im Gesetz der Kokreation zum Ausdruck kommt: Nicht nur für die Welt als Ganzes sind wir verantwortlich, sondern insbesondere auch für unser ganz persönliches Wohlergehen. Es ist vom Wohlergehen der Welt allerdings nur schwerlich zu trennen.

Alles was der Mensch glaubt, wünscht oder fürchtet, wird sich materialisieren, weshalb das Gesetz der Kokreation durch den Menschen auch als **Gesetz des Denkens und des Glaubens** bezeichnet werden kann. Wir sind die Schöpfer unseres eigenen Universums!

Da unsere Wünsche nicht immer alle gleich sofort erfüllt werden können, es bedarf einer gewissen Vorbereitung und Umgestaltung, ergibt sich im Zusammenhang mit dem Gesetz der Reinkarnation eine gewisse Zeitverzögerung. Deshalb hadern manche Leute mit ihrem Leben, als sei es nicht das von ihnen selbst gewählte. Sie wissen nicht von der von ihnen permanent selbst bewirkten Kokreation und geben anderen die Schuld an ihrem Schicksal. Was für ein Unsinn!

Das Gesetz der Kokreation gilt im Übrigen nicht nur für den Menschen, sondern für alles Leben, weshalb sich Leben immer wieder von Neuem selbst erschafft und gestaltet. Haben Sie erkannt, welches Potential in Ihnen steckt?!

24. Das Gesetz der Relativität
Das Gesetz lautet: Alles ist relativ!

Alles ist relativ, je nachdem, womit man es vergleicht. Vergleiche ich das Große mit Größerem, wird es mir klein vorkommen, vergleiche ich es aber mit Kleinem, erkenne ich seine Größe. So ist es mit allen Dingen.

Schamanisch gesprochen hat alles zusätzlich einen alltäglichen und einen nichtalltäglichen (andersweltlichen) Aspekt. Beachten wir beispielsweise den alltäglichen Aspekt von Gold, werden wir ihm mit kleinen Körnern großen Wertes assoziieren. Der andersweltliche Aspekt aber wird uns dem Gold innewohnende verborgene Qualitäten der Beruhigung aufzeigen, ansonsten aber seine materielle Wert- bzw. Nutzlosigkeit.
Mein Tod im Hierundjetzt ist meine erneute Geburt in der Anderswelt und umgekehrt. Auch einen Stein kann man von vielen Seiten betrachten, je nachdem von wo aus ich schaue, werde ich andere Maserungen und Bilder in ihm feststellen können. Es bleibt aber immer der gleiche Stein. So wie den Stein kann man alles von verschiedenen Seiten betrachten.

Der Volksmund sagt: "Es gibt nichts, was nicht für irgendetwas gut ist." Es kommt immer darauf an, worauf ich mein Augenmerk lege. Was uns heute gut erscheint (z.B. ein Lottogewinn) kann auf längere Sicht unseren Untergang bedeuten und andersherum kann sich ein Unfall im Nachhinein als Segen herausstellen. Alles ist einfach nur relativ.

Die praktische Bedeutung der Erkenntnis dieses Gesetzes sollte vielleicht in einer tiefen Seelengelassenheit liegen: Was auch immer Ihnen zustößt. Sie wissen nie, welchen Nutzen Sie noch daraus zu ziehen vermögen. Es ist Ihre eigene Lebenserfahrung, die durch nichts zu ersetzen ist. Kein Geld der Welt ist in der Lage, sie einzulösen. An Macht wird Erfahrung vielleicht einzig noch durch die Liebe übertroffen und auch das nur, sobald diese einen gewissen Grad der Reinheit erreicht hat.

25. Das Gesetz der Spiegelfunktion

Das Gesetz lautet: Alles, was uns bewusst wird, spiegelt lediglich das, was in uns ist!

Alles, was uns innerhalb des Universums bewusst wird, spiegelt nur das, was ohnehin bereits in uns ist. Es gibt keine Trennung des Subjekts vom Objekt. Auch dies ist ein Gesetz!

Wann immer ich einen Drogenabhängigen, einen Politiker oder Wirtschaftsboss, der sein Säckel nicht voll bekommt, einen Gescheiterten, einen Betrüger, einen Besessenen, gar einen Vergewaltiger oder den an Krebs Erkrankten oder wen auch immer sehe, weiß ich doch, sie tun das alles für mich! Sie zeigen mir die verdrängten Seiten und Schatten meines Lebens, leben diese für mich (so dass ich es nicht tun muss) und warnen mich zugleich davor. Sie durchlaufen diese Erfahrungen, auf dass ich sie nicht machen muss. Sie sind ein Teil von mir und ich von ihnen. Wir sind verbunden. Wir sind eins, das Opfer und der Täter. Den Schatten im Bewusstsein zu halten ist die einzige Art relativ unbehelligt davon zu leben.

Was immer mich am anderen stört, sind einzig und allein meine eigenen verdrängten Schatten! Wer diese Wahrheit anerkennt, wird in ihr einen mächtigen Verbündeten auf dem Weg der Erkenntnis erlangen. Hierin liegt zugleich die größte praktische Bedeutung des Gesetzes der Spiegelfunktion.

Umgekehrt wird aber auch jeder Liebende, jeder Heiler, jeder Tänzer, jeder Gewinner, den ich bewundere oder gar beneide, eben diese Erfahrung für mich machen! Wir lieben den Tänzer, weil wir uns in ihm selbst tanzen und den Sänger, weil wir uns durch ihn selbst singen hören!

Alles und wirklich alles, was uns in der Gesellschaft, auf der Arbeit, in der Familie oder der Natur ereignet, sind wir selbst. Was immer uns widerfährt ist lediglich ein Spiegel dessen, was in uns ist. Es gibt kein Entkommen: Was wir sehen, sind wir selbst! Wir sehen in unseren eigenen Spiegel! Wir sind der Spiegel, der Sehende und die Spieglung!

Wie steht es jetzt um Ihr Verständnis? Sie sind es, der sich durch Kokreation die eigene Welt erschafft! Sie sind es, der zugleich mit der Relativität der eigenen Schöpfung zurecht kommen muss: Es gibt keinen wirklichen Durchbruch, keinen wirklichen Gewinn, so wie es auch kein wirkliches Scheitern gibt! Und Sie sind es, dem alles nur Spiegel seines eigenen Inneren ist, seines eigenen Bewusstseins! Ein phantastischer Dreiklang, doch es geht noch weiter. Wir erlernen jetzt die konkrete, planmäßige Schöpfung...

26. Das Gesetz der Wahrscheinlichkeit (oder Gesetz des Wünschens)

Das Gesetz lautet: Alles, was wir uns wünschen und sodann loslassen, wird eintreten!

Das Beispiel vom Bogen mag dies erläutern: So wie wir einen Pfeil loslassen müssen, damit er sein Ziel erreicht, müssen wir auch unsere - im Idealfall klar definierten - Wünsche loslassen, damit sie ins Universum gelangen und dort bewirken ("bestellen") können, was wir uns ersehnen. Hielten wir daran fest, wäre deren Verwirklichung ungleich schwerer. Wer seinen Wunsch nicht kundtut und absendet, was soll man dem dann schenken?! Absenden aber heißt "loslassen"! Es ist also ganz wichtig, nicht an seinen Wünschen fest zu hängen, damit sie sich auch unabhängig und "außerhalb" von uns verwirklichen können!

Wenn Sie etwas möchten, so lassen Sie es also bitte los. Kommt es dann von selbst zu Ihnen zurück, so ist es wahrhaft Ihres! Bitte denken Sie immer daran: Was nicht freiwillig zu Ihnen kommt, wird auch nicht freiwillig bei Ihnen bleiben! Nur dadurch, dass Sie es loslassen, haben Sie überhaupt die Möglichkeit eine Sache zumindest eine Zeit lang zu erlangen und zu genießen. Nutzen Sie diese Zeit: Genießen Sie das Ihre aber geizen Sie damit nicht! Seien Sie kein Narr!

> Die praktische Bedeutung des Gesetzes des Wünschens liegt auf der Hand, es ist dessen konkrete Anwendung: Klare Wünsche wünschen, diese loslassen und sich am Resultat erfreuen! Manchmal braucht es einen Moment, bis das Bestellte auch geliefert wird, doch wird es in den allermeisten Fällen dann auch real eintreffen und unsere ursprünglichen Erwartungen oftmals sogar noch übertreffen! (Dies zumindest zeigt meine Lebenserfahrung.)

Das Gesetz der Wahrscheinlichkeit, auch Gesetz des Wünschens genannt, wobei die modernen Wunschbücher oftmals das ebenfalls notwendige Loslassen vergessen, ist allerdings dem **Gesetz des Göttlichen Plans** untergeordnet, welches einfach nur aussagt, dass der Göttliche Plan - also der universelle Plan des Universums - verwirklicht wird und Vorrang hat vor allen persönlichen Zielen! Sieht der Göttliche Plan etwas anderes als das individuell Gewünschte vor, erhält er sozusagen den Zuschlag, weswegen ich hier auch nur vom Gesetz der "Wahrscheinlichkeit" spreche und nicht vom Gesetz der "Erfüllung".

Bezogen auf die Resonanzfelder bestimmt das Gesetz der Wahrscheinlichkeit, dass sich jene Resonanzfelder durchsetzen werden, welche hierarchisch übergeordnet sind. Und dies ist auf das gesamte Universum bezogen eben jener Göttliche Plan des denkenden, fühlenden und sehnenden Universums selbst, welches zwar äußerst gütig, andererseits jedoch auch gleichgültig gegenüber uns Menschen ist, denn es verfolgt seine eigenen Pläne. Seine größte Liebe ist unserer Freiheit!

Möglicherweise haben einige an dieser Stelle auch den Einwand, es gäbe keine Hierarchien, da es nur (gleichberechtigte) Einheit gäbe?! Gut gelernt und doch über das Ziel hinaus geschossen, denn natürlich gibt es auf der irdischen Ebene auch Hierarchien, wie wir im 28ten Gesetz sehen werden. Befassen wir uns zunächst aber noch mit dem Gesetz der Beharrlichkeit als wirksamer Ergänzung und Verstärker zum Gesetz der Wahrscheinlichkeit oder des Wünschens.

27. Das Gesetz der Beharrlichkeit

Das Gesetz lautet: Alles, was wir beharrlich verfolgen, wird verwirklicht!
Ich könnten auch vom **Gesetz der Aufmerksamkeit** sprechen: Energie folgt immer der Aufmerksamkeit! Sie tut dies unabhängig davon, ob wir für oder gegen etwas sind. Das heißt, wenn wir gegen etwas kämpfen, werden wir dadurch das Bekämpfte stärken. (Wir sahen dies bereits im Zusammenhang mit dem Gesetz der Schatten.)

Je mehr Aufmerksamkeit ich auf etwas verwende, desto wahrscheinlicher wird dieses etwas in meinem Leben zu wirken beginnen! Das Gesetz der Aufmerksamkeit gilt gleichermaßen für das gefühlt Gute als auch für das gefühlt Böse - eine Unterscheidung, die das Universum nicht kennt.

Durch Beharrlichkeit erlangen wir Erfolg, denn das Universum wird uns alles zukommen lassen, wonach wir streben. Eine andere Version dieser Gesetzmäßigkeit wäre: Wer wahrhaft sucht, der findet! Oder: Wer anklopft, dem wird geöffnet! Einzig durch Beharrlichkeit also vermag ich den Göttlichen Plan des Universums zu durchkreuzen, da ich bewirke, dass dieser Plan mit meinem eigenen zur Deckungsgleichheit gelangt!

Das stete Wasser holt den Stein und beharrlicher Wille ändert selbst den Göttlichen Plan. Zweiteres ist zweifelsohne möglich, da wir selbst durch die Gesetze der Einheit und der Holographie fest mit dem Universum verbunden sind, teilhaben, ja auf höherer Ebene identisch mit ihm und seinem Plan sind. Ob ich durch beharrlichen Willen auch das Universum an sich zerstören könnte, sei dahin gestellt. Möglicherweise liegt hier seine Schwachstelle?! Andererseits ist es aber auch vermessen, zu glauben, man könne eine solche Stärke entwickeln, zumal wahre Stärke immer nur in Harmonie mit etwas und nie im Kampf gegen etwas erreicht wird.

Ein praktisches Gesetz, das Gesetz der Beharrlichkeit, welches wir immer dann gezielt anwenden sollten, wenn wir genau wissen, was wir uns wünschen. Wir dürfen uns andererseits aber auch nicht auf unsere Ziele versteifen, da das Gesetz der Beharrlichkeit nur in Kombination mit dem Gesetz der Wahrscheinlichkeit zum Erfolg führen wird, welches explizit sagt, dass wir die Dinge, welche wir uns im Leben wünschen, zuerst vollständig loslassen müssen (wie einen Pfeil), bevor sie in unser Leben treten werden.

Je mehr Erfahrung man im Leben sammelt, desto deutlicher werden alle diese Gesetze auch hervortreten. Im Übrigen folgt aber die Energie nicht nur der Aufmerksamkeit, sondern die Aufmerksamkeit auch der Energie... Alles steht in schwingender Wechselwirkung. Das Universum ist Shiva, der tanzende, zerstörende und erschaffende Gott!

28. Das Gesetz der Hierarchie
Das Gesetz lautet: Die Welt kennt Hierarchien!

Die Welt kennt Hierarchien und zwar sowohl die materielle Welt als auch die geistige. Wenn von der höchsten Ebene aus betrachtet auch alles eins und daher gleichwertig ist, so gibt es in der materiellen Welt doch bestimmte Hierarchien. Eine davon sind beispielsweise die fünf Ebenen der Lebensgesetze, wie sie hier dargestellt werden...

Wir finden diese Hierarchien auf allen Ebenen. Nach dem Gesetz steht die Galaxie über dem einzelnen Sternsystem, hierin wiederum die Sonne über dem Planeten, welcher wiederum dem Mond vorsteht. Auf Erden stehen die Menschen in gewisser Weise als eingesetzte Statthalter über den Tieren, diese wiederum über Pflanzen und Steinen, je nach Ausprägung ihres zentralen Nervensystems. Auch innerhalb der menschlichen Gesellschaft finden wir gewisse, einem natürlichen Ordnungsprinzip dienende, Hierarchien vor. Man findet diese Hierarchien überall, man muss nur schauen. Derlei entspricht dem gesunden Menschenverstand und kann nicht ernsthaft geleugnet werden, wenn uns auch im nächsten Gesetz, dem Gesetz der Gleichwertigkeit, sogleich ein gewisser Riegel der Tugendhaftigkeit und weiser Anschauung vorgeschoben wird. Die Führerschaft in eine Hierarchie ist nichts, was missbraucht werden dürfte, sondern verpflichtet im Gegenteil zur Fürsorge für alle und alles.

Da, wo der Mensch glaubt, gewisse natürliche Hierarchien im Sinne der Erweiterung eigener Macht missbrauchen oder gar nur ausnutzen zu können, entstehen bereits die Pendel der sogenannten Nivelierungskräfte. Pendel schlagen aus, sammeln Macht und sind gefährlich, aber zugleich setzt mit immer größerem Schwung auch ihre eigene Rückwärtsbewegung ein. Die Nivelierungskräfte haben sich entfaltet.

Im Alltag kann es sich als durchaus hilfreich erweisen, gewisse Hierarchien einfach anzuerkennen, ohne dagegen aufzubegehren, sondern im Gegenteil zu versuchen, sich diese für seine Zwecke nutzbar zu machen. Umfassend verständlich wird das Gesetz der Hierarchie aber erst im Zusammenspiel mit dem folgenden Gesetz der Gleichwertigkeit.

29. Das Gesetz der Gleichwertigkeit
Das Gesetz lautet: Es gibt keine Wertigkeit!

Das dem Gesetz der Hierarchie gewissermaßen entgegengesetzte Gesetz ist das Gesetz der Gleichwertigkeit: Es gibt keine qualitativen Wertunterschiede, nur Gleichwertigkeit. Die Summe hat immer nur den Wert ihrer Teile. Nur wenn alles beachtet wurde und niemand übergangen, wird sich Erfolg einstellen. Niemand und Nichts ist mehr wert als irgend etwas anderes!

Das heißt, wenn z.B. bei der Entwicklung organischen Lebens, die Säugetiere (Mammalia) und mit ihnen der Mensch über den Vögeln (Aves), Kriechtieren (Reptilia) und Fischen stehen; diese wiederum beispielsweise über den Würmern, Schwämmen und Geißeltierchen, so ist doch keiner besser oder mehr wert als irgendein anderer! Sie stehen lediglich an verschiedenen Stellen innerhalb einer Schöpfung, die sich nach dem Gesetz der Gleichwertigkeit in keinster Weise als besser, wichtiger oder wertvoller erachten können!

Ganz im Gegenteil steht einjeder an seinem Platz und ist für den Fortbestand des Lebens und den Erhalt des Ganzen genauso wichtig, wie jeder und jedes andere. Die Weisen aller Traditionen ahnten dies schon längst. Der Zeitgeist hingegen erschließt sich diese Erkenntnis erst langsam über eine seiner Teildisziplinen, die (Tiefen-)Ökologie.

Für die Elemente bedeutete dies, dass das lebende und wachsende Minerale von seinem Wert her gleich dem des Holunders, der Eiche, der Unke, dem Storch oder dem Elefanten ist. Auch der Mensch macht hierbei keine Ausnahme.

Auch innerhalb der menschlichen Gesellschaft gilt gleiches für Bettelmann und König. Zwar steht der Zweite nach dem Gesetz der Hierarchie über dem ersten, nach jenem der Gleichwertigkeit aber zählt sein Leben genauso viel wie jenes des Bettlers - nicht mehr und nicht weniger!

Das oberste Gesetz der Einheit von allem lässt grüßen und in der Tat ist das Gesetz der Gleichwertigkeit gewissermaßen dessen Widerspiegelung auf dem irdischen Gebiet der Resonanz.

Wenn ich beim Gesetz der Hierarchie von einem Riegel der Tugendhaftigkeit und weiser Anschauung sprach, so deshalb, weil es uns das Gesetz der Gleichwertigkeit verbietet, besser oder schlechter über verschiedene Geschlechter, sexuelle Präferenzen, Rassen, Menschen oder Dinge zu denken oder diese gar unter dem Vorwand ihrer "Minderwertigkeit" auszubeuten oder zu vernichten, denn alles besitzt Wert, gleichen Wert. Dies sollte zu Denken geben!

Ähnlich wie beim Gesetz der Hierarchie liegt die praktische Bedeutung des Gesetzes der Gleichwertigkeit meines Erachtens in erster Linie in rein lebenspraktischen Dingen, wie beispielsweise einer gewissen Solidarität, Hilfsbereitschaft und dem Verständnis für den vermeintlich Schwächeren. Wir alle sind gleich wertvoll, voller Wert!

Lieber Leser, als Menschen offenbaren wir uns auf der irdischen Ebene als Manifestationen von Liebe, Gesundheit, Veränderung, Ausgleich und Wahrscheinlichkeit. Was sollten wir auch sonst schon sein? Wäre es nicht lohnenswert zu verstehen, dass auch Sie dies sind: Liebe, Gesundheit, Veränderung, Ausgleich und Wahrscheinlichkeit. Lassen Sie Ihre Sorgen zurück und lachen Sie mit mir den Tanz der Organe, den Tanz der wahren Menschen, den Tanz der Erde und den Tanz des Kosmos, die alle ein Tanz sind, mein Tanz, Ihr Tanz, der Tanz der Wärter, der Tanz der kleinen Lichtphotonen. Schauen Sie nur wie sie leuchten, wie sie strahlen, wie sie lachen und sich freuen. Alles nur Wahrscheinlichkeit! Niemand weiß, wohin wir uns von hier entwickeln werden... Ich glaube aber, dass es eine gute Reise sein wird!

In jedem Fall erfolgt ein neuer Durchlauf durch das Medizinrad! Wir haben soeben die fünfte Ebene der irdischen Gesetze restlos durchschritten. Wir verlassen den Osten mit Kurs auf unser alltägliches Leben. Zeit, um noch einmal tief ein und aus zu atmen. Sie wissen jetzt alles, was es für ein in Ihrem Sinne auf allen Ebenen gelingendes Leben bedarf! Bitte schauen Sie, was Sie sich hiervon zu Nutzen machen, was Sie verwerfen oder wieder vergessen werden! Es war zugegebenermaßen ein langer Weg, doch sind wir an sein vorläufiges Ende gelangt. Sie wissen jetzt so gut wie alles, was es momentan über Natur- und Schicksalsgesetze zu lernen gibt. Es bleiben nur noch wenige Ergänzungen.

Die Ebenen überschreitenden Gesetze

Zu meinen großen Favoriten und Lieblingsgesetzen gehören auch die drei auf allen Ebenen wirksamen **"E- oder Energiegesetze"**. Insbesondere jenes der Entropie scheint mir neben der harmonischen Ordnung auch das Chaos in der Welt in einer Weise zu rechtfertigen, dass sich zweifelsohne aussagen lässt, in der Besten aller möglichen Welten zu leben, in der alles den ihm zugewiesenen und den von ihm eingenommen Platz zu Recht besitzt und behauptet.

30. Das Gesetz der Einkehr oder Rückkehr
Das Gesetz lautet: Alles kehrt in die Einheit zurück!
Oder in seiner volkstümlichen Form: Was hoch steigt, kommt auch wieder runter!

Bei diesem Gesetz ist es egal, ob wir von der Ureinheit (Gesetz der Einheit) oder von bereits abgespaltenen kleineren Einheiten ausgehen. Nach diesem Gesetz wird jede Seele, jeder Gedanke, jedes Atom, welches sich (scheinbar) aus der Einheit abspaltete, dereinst mit vollem Bewusstsein wieder in jene zurückkehren!
Als sich Adam und Eva noch im Paradies befanden, waren sie, wenn auch unbewusst, noch in der Einheit. Mittlerweile tritt die Menschheit den Gang durch die Polarität an, um sodann bewusst - ein neues Paradies auf Erden erschaffend - wieder in die Einheit zurückzufinden.

Das Gesetz der Rückkehr wirkt auf allen Ebenen. Wenn sich ein Mensch aus der Einheit der Familie entfernt, so wird er doch irgendwann wieder in diese heimfinden. Dies wird auch im Gleichnis des verlorenen Sohnes verdeutlicht. Alle zieht es zurück in die ursprüngliche Geborgenheit. Auch der Auswanderer kehrt dereinst zurück in seine Heimat und niemand kann vor sich selbst entfliehen. Wir alle werden uns am Ende wieder mit uns selbst, unserem Inneren, befassen und in uns selbst Heimat finden und heimkehren in die Einheit unserer Seele.

Das Gesetz der Rückkehr besagt zum Beispiel auch, dass unsere Seele immer wieder komplettiert (und somit geheilt) wird und dass die aus schamanischer Sicht abgespaltenen Seelenanteile immer wieder zurückkehren, was diesem Gesetz entspricht, wenn auch, beispielsweise bei dramatischem Seelenanteilsverlust, erst unter Mitwirkung eines kundigen Schamanens.

Eine praktische Bedeutung des Gesetzes liegt u.a. darin, dass wir uns getrost auch den Traumata unseres Lebens stellen dürfen, denn unser Höheres Selbst selbst wird uns dabei unterstützen, alle unsere verloren gegangenen Seelenanteile zurückzugewinnen und wieder in unserem Seelengesamt zu integrieren.

Zudem lehrt uns das Gesetz die Geduld auf eine bessere Gesellschaft und eine bessere Welt. Natürlich könnten Sie jetzt einwenden, dass wir doch bereits in der bestmöglichen aller Welten leben. Dies ist von einem philosophischen und naturwissenschaftlichen Sichtpunkt aus betrachtet sicher auch richtig. Auf der Ebene menschlichen Leidens jedoch besteht noch immer Verbesserungsbedarf...

Eine weitere praktische Anwendung des Gesetzes der Einkehr liegt darin, dass wir nicht kämpfen müssen: Alles strebt von sich aus wieder zurück zu seinem natürlichen, heilen und stabilen Ur-Zustand!

31. Das Gesetz der Entelechie
Das Gesetz lautet: Alle Entwicklung folgt einem Göttlichen Plan, dem Plan der heiligen, beseelten Matrix!

Es gibt eine Göttliche oder Universelle Ordnung auch in der materiellen Welt und deren Entwicklung erfolgt nach einem dieser Ordnung zugrundeliegenden Plan. (Wir sprachen darüber.) *Entelechie* ist etwas, was sein Ziel bereits in sich trägt bzw. die sich im Stoff verwirklichende Form (vgl. Aristoteles). Man kann sie auch als eine im Organismus liegende Kraft verstehen, welche dessen Entwicklung und Vollendung bewirkt. Hierbei kann es auch immer einmal wieder zu Evolutionssprüngen kommen. Ich darf das Gesetz der Entelechie daher auch als **Gesetz der Ordnung oder Gesetz der Evolution** bezeichnen, in welcher alles nach Entwicklung und Optimierung drängt.

Das Gesetz der Entelechie ist beispielsweise am Wirken, bei der Entwicklung des Fötus zum Embryo, weiter zum Baby, Kind, Jugendlichen und Erwachsenen. Es wirkt auch, wenn eine Wunde ohne unser Zutun heilt. Entelechie findet statt auf planetarischer Ebene, wenn sich die Himmelskräfte zu Sonnen und Planeten formen; wenn sich auf Planeten Lebensbedingungen für organisches Leben entwickeln; wenn dieses entsteht und sich zu immer höher entwickelten Lebensformen ausbildet. Wer will, kann dieses Gesetz auch so deuten, dass die Geschichte aller Menschen und *Wôlgmare* zu einem friedlichen Ende kommt, einem Stadium, welches wir noch nicht erreicht haben, aber erreichen werden.

Zur Wiederholung: Als Wôlgmare bezeichnen wir alle Wesen in diesem Universum, welche über ein dem Menschen vergleichbares 4-Körper-System verfügen: Den physischen Leib, den Emotional- oder Astralkörper, den Mentalkörper und das Höhere Selbst, auch seelisch-ionischer Körper genannt. Ihr physischer Leib ähnelt im Idealfall jenem der Menschen, weshalb wir Wôlgmare als unsere nächsten kosmischen Verwandten betrachten.

Für unser tägliches Leben bedeutet das Gesetz der Entelechie, dass wir, wie bereits beim Gesetz der Einkehr und vielen anderen Wirkprinzipien, den Dingen gelassen ins Auge schauen können. Dank dem Gesetz der Entelechie und ihrem Wirken im gesamten Weltall, wird für uns alle gesorgt und wird letztlich auch alles zu einem guten Ende gelangen. Einer weiteren bewussten Anwendung bedarf es nicht, da das Gesetz sozusagen für sich selbst sorgt. Wir können uns zurücklehnen und vertrauen.

Als letztem der drei E- oder Energiegesetze möchte ich mich mit dem Gesetz der Entropie befassen.

32. Das Gesetz der Entropie
Das Gesetz lautet: Alles wird in einem Zustand der Entropie enden!

Mit dem aus der Wärmelehre stammenden Begriff der *Entropie* bezeichnet man einen Zustand der völlig gleichmäßigen Verteilung aller darin enthaltenen Teilchen. Dies entspricht im Prinzip der größtmöglichen "Unordnung", also dem Chaos.

Teilweise ging man früher sogar davon aus, dass dieses die Endstufe des Universums wäre, das Erliegen allen Lebens. Hierbei vergaß man aber augenscheinlich, dass das Gesetz der Entropie lediglich im "Gegengenspiel" mit dem Gesetz der Entelechie, der Evolution oder Ordnung (welche Anordnung und Regel, Aufbau und Wertigkeit kennt), gedacht und verstanden werden kann. Beide Gesetze befinden sich im permanenten gegenseitigen Widerstreit.

Mal wird das Gesetz der Entropie gewinnen und mal das Gesetz der Evolution oder Ordnung den Sieg davon tragen. Wäre dies nicht so, hätten wir entweder totale Entropie - die man meines Erachtens gleichermaßen als Chaos oder Ordnung betrachten könnte - als das eine Extrem oder eine starre, irgendwo seiner vitalen Lebens- und Wachstumskraft beraubte, wenn auch vollendete, Schöpfung als anderes Extrem.

Das Universum aber kontraktiert und expandiert immer wieder, kontraktiert und expandiert und immer so fort, bewegt sich also zwischen beiden Extremen. Man könnte auch sagen: Der Kosmos atmet! Auf einer höheren Warte entstehen so gleichermaßen Chaos (Entropie) und ordnende Vielfalt (Evolution). Sie durchwirbeln sich gegenseitig bis hin zu einem Ausmaß, in dem sich der Unterschied zwischen beiden schon nicht mehr eindeutig feststellen lässt!

Neben dem Beispiel aus der Thermodynamik der Wärmelehre fallen mir zur Entropie Sand- oder andere Wüsten ein. Alles ist gleichmäßig verteilt. Das größtmögliche Chaos stellt sich zugleich als vollendete Ordnung dar! (Vermutlich ist es umgekehrt genauso.)

Als Beispiel verwirklichter Entelechie, möchte ich den Zustand der Gottheit heranziehen, welche einer solch majestätischen Ruhe gleichen muss, dass es schon wieder chaotisch langweilig wird. Die Folge: Die Gottheit beschließt sich selbst aufzuspalten. Ein weiterer Urknall ist die Folge!

Lebensnahe Anwendungsbereiche für das Gesetz der Entropie sind beispielsweise all jene Erfahrungen, die zeigen, dass sich Dinge nie zu einer irgendwie gearteten endgültig abschließenden, höchsten Vollendung bringen lassen. Dem wirkt das Gesetz entgegen! (Und es ist vermutlich gut so!)

Ein Perfektionist hat also letztendlich schlechte Karten, da sein Vorheben mit eben jenem Gesetz der Entropie kontrastiert. Andererseits darf man vor der Entropie aber auch keine Angst haben, da ihr, wie dargelegt, das Gesetz der Entelechie entgegensteht.

In einem solchen Rahmen widerstreitender Gesetze spielt sich alles Leben ab. Bestrebte Gelassenheit ist ein Gebot der Stunde, bestrebt im Schaffen, gelassen im Resultat!

Im übertragen Sinn wird das Gesetz der Entropie beispielsweise auch noch zum Gegenspieler der Gesetze der Liebe, der Gesundheit und der Rückkehr sowie der Einheit.

a) Das Gesetz der Liebe ist schöpferisch und befähigt zu Höherem, eine Höhe, welche bloße Entropie nicht zulässt.

b) Ähnliches gilt für Gesundheit, sie ist ein in ihrer Flexibilität und Heilkraft flexibles System unterschiedlicher Hierarchien und Harmonien. Für gleichsam wirksame Entropie ist hier kein Platz.

c) Die Gesetze der Rückkehr in die Einheit und der Einheit selbst werden durch das Gesetz der Entropie herausgefordert, jedoch nicht wirklich tangiert. Sie, das als Ordnung getarnte Chaos der Entropie, entspricht dem an den Wurzeln des Weltenbaumes nagenden Wurm, der diesen Baum des Lebens zu vernichten droht. Und obwohl besagter Wurm durchaus ein not-wendiges Element der gesamten Schöpfung darstellt, hoffe ich doch, er bleibe letztlich ohne Chancen.

Wer nun denkt, da ohnehin alles in Entropie, der absoluten Zerstörung und gegebenenfalls einem weiteren Urknall, zu enden scheint, es wäre egal, wie man sich verhalte, ob man beispielsweise bombe oder meditiere, dem sei gesagt: Er täuscht sich! Es macht einen Unterschied, denn das Gesetz der Liebe steht über allem! Liebe ist immer die Antwort! Alles was keine positiven Gefühle in unseren Herzen hervorruft, was also nicht der Liebe, der Heilung, der Vielfalt oder Entwicklung dient, ist strikt zu meiden, möchte man glücklich sein. Das Gegenteil hiervon wären der Hass, die Zerstörung, die Krankheit und die Angst! Auch wenn alles eins ist und in Einheit enden wird, macht es einen Unterschied, welchen Weg wir wählen, um wieder dorthin zu gelangen. Den lichten, schönen Weg der Schlossallee oder den dunklen, verdreckten der Bahnhofstraße. Auch wenn die Lebensgesetze auch noch so licht und durchdacht sind, lassen sie uns die Wahl, welche Art von Erfahrung wir vorziehen. Auch wenn über allem Liebe, Licht, Bewusstsein, Heilung (Erlösung), Erwachen, Glückseligkeit und Freiheit thronen, was letztlich alles dasselbe ist, bleiben ihre Versuchung und ihre Schatten bestehen. Es liegt an uns, sie zu integrieren.

Die Gesellschaft indessen hat es auch nach etwa 65 Mio. Jahren menschlicher Geschichte (meines Erachtens ist die Menschheit noch viel älter) noch immer nicht vermocht, ihren Schatten an der Faszination des Bösen zu integrieren. Das offensichtliche Ergebnis dieses Mangels an Integrationsfähigkeit spiegelt sich im Ausmaß der vorherrschenden Umweltverschmutzung, der Lebensmittelverknappung und Kriege, dem drohenden ökologischen Kollaps einerseits und der Kapazität des Menschen, die gesamte Erde mehrfach in die Luft zu sprengen andererseits wieder. Noch immer werden die Würde des Menschen und der gesamten Natur nicht nur angegriffen, sondern mit schmutzigen Füßen getreten. Ein Menschenleben ist nur so viel wert, wie es an Kapital um sich zu vereinen in der Lage ist. Noch immer werden unschuldige Menschen zuhauf als politische Gefangene, als angebliche Gefahr für die Allgemeinheit oder sogenannte Ver-rückte, als Irre, die es vor sich selbst zu schützen gilt, verurteilt und weggesperrt. Noch immer wird weltweit gefoltert und unzählige Menschen schmachten in Kerkern, nur aufgrund oberflächlicher Andersartigkeit, einer anderen Meinung, einer anderen Herkunft, einem anderen Glauben oder dergleichen Unsinn mehr. Ein falsches Wort, ein falscher Satz, die falsche Person am falschen Ort zur falschen Zeit und schon stecken sie dich weg. Das ist die ganze banale Wahrheit unserer ach so freien, globalisierten Welt.

Aber sehen Sie, ich bin hier genau in jene Falle getappt, vor der ich immer wieder warne: Es geht nicht darum zu werten, oder sich gegen etwas auszusprechen, sondern darum, das Richtige zur richtigen Zeit zu tun. Gehen Sie daher selbst mit gutem Beispiel für alle voran! Lassen Sie uns mutig sein! Sie und ich! Lassen Sie uns zu unserer eigenen ganz persönlichen Wahrheit stehen und diese auch in aller Öffentlichkeit vertreten! Lassen Sie uns authentisch und ohne Angst voreinander leben! Es liegt an uns, was unser Leben in dieser Welt bringen wird. Lassen Sie uns hierfür, zumindest auf der Ebene der menschlichen Gesetze, die 100%ige Verantwortung übernehmen!

Sechste Ebene oder EBENE DER MENSCHLICHEN GESETZTE

Begeben wir uns nunmehr in die unterste Ebene der Lebensgesetze, jene der menschlichen Gesetze. Diese zählen bereits nicht mehr zu den eigentlichen Schicksals- oder Naturgesetzen, haben aber dennoch für die Erde und uns Menschen eine gewisse Gültigkeit. Hierbei gibt es zunächst die fünf übergreifenden Menschengesetze sowie dann nachfolgend alle anderen "weltlichen", also von Menschen erlassenen Gesetze.

33. Die fünf ewigen Menschengesetze
Die fünf ewigen Menschengesetze sind:
- Leben und Gesundheit aller schützen!
- Die Partnerschaft, Ehe und Familie wertschätzen!
- Eigentum, Besitz und Arbeit aller achten!
- Die Wahrheit sagen!
- Das richtige Bewusstsein bei allem Tun!

Die größte praktische Bedeutung der Beachtung dieser fünf Menschengesetze ist es ganz einfach, dass nur, wenn wir selbst uns für Leben, Gesundheit, Eigentum und Besitz, Arbeit, Wahrheit, Treue, Liebe und eine gesunde Wahrnehmung anderer einsetzen, diese Grundhaltung auch uns gegenüber an den Tag gelegt werden wird. Das Resonanzgesetz lässt grüßen. Es sind dies die Dinge, die wir unabhängig von Kultur und Zeit Wert schätzen, da nur sie uns menschliche Entwicklung und Sicherheit gewährleisten.

Dies ist nichts anderes als Kants kategorischer Imperativ: "Handle nur nach derjenigen Maxime, durch die du zugleich wollen kannst, dass sie ein allgemeines Gesetz werde." Oder mit dem Volksmund ausgedrückt: "Was du nicht willst, das man dir tut, das füg' auch keinem andern zu!" Seien und bleiben Sie also Mensch und genießen Sie Ihr Leben in Wohlstand und Freiheit! Freiheit, schöne Freiheit!

Natürlich gibt es auch Ausnahmen von den fünf ewigen Menschengesetzen, doch gründen diese immer auf eklatanten Notsituationen oder Extremfällen. Beispielsweise töten, wenn das eigene Leben bedroht wird oder stehlen, bevor man verhungert etc. In einer geordneten, funktionierenden Gesellschaft sind diese Gesetze ein hinreichender Maßstab für alles Handeln! Mehr als diese fünf Gesetze, das eigenen Gewissen und den Weg des Herzens bedarf es eigentlich nicht. Hinzu kommen die Liebe, die Gnade und das Verzeihen hier fast schon als metaphysische Prinzipien. Insofern erübrigt sich fast schon jede weitere Erörterung der fünf ewigen Menschengesetze, da sie mit den Weisungen unserer ursprünglichen Gewissen konform sind.

Erklärt werden sollte vielleicht noch das zweite ewige Menschengesetz: Die Familie ist - abgesehen von Sippe, Stamm und Nation - die Kernzelle jeder menschlichen Entwicklung. Nicht nur, dass es die Kinder (als menschliche Zukunft) und die Alten (als menschliche Weisheit) zu pflegen, schätzen und schützen gilt, auch die Partnerschaft oder Ehe an sich sollte als heilig erachtet werden, solange sich beide Partner hierauf verständigt haben. Andererseits kann gerade der Punkt sexueller Treue auch verhandelbar sein. Es greift das vierte Gesetz: Die Wahrheit sagen! Sagen, was man tut und tun, was man sagt!

Exkurs: Die weltlichen Gesetze
Die weltlichen, von Menschen erlassenen Gesetze sind lediglich ein Abklatsch der universellen Lebensgesetze. Alle weltlichen Gesetze, die mit den fünf ewigen Lebensgesetzen in Einklang stehen, sind zu achten, wollen Sie nicht nach dem Gesetz des Karmas die "negativen" Folgen eines solchen Übertritts selbst am eigenen Leibe zu spüren bekommen.

Sollten die weltlichen Gesetze den fünf übergreifenden Menschengesetzen allerdings widersprechen, ist ihnen keine Folge zu leisten, was in einem demokratischen Rechtsstaat im Allgemeinen aber nicht der Fall sein sollte. Insbesondere Gesetze, die sich neutral zu den fünf von uns "übergreifend" genannten Lebensgesetzen verhalten, sollten in ihrer Ordnungsfunktion (z.B. auf den Straßen rechts fahren oder eben links fahren wie in England) akzeptiert und befolgt werden. Ihre praktische Bedeutung ist aber immer nur relativ.

Grundsätzlich habe ich die Erfahrung gemacht, dass es sinnvoll sein kann, die jeweiligen Gesetze eines jeden Landes einfach zu akzeptieren, ohne sich großartig den Kopf hierüber zu zerbrechen. Sie sind und bleiben Schall und Rauch. Aber Schall kann eben in den Ohren schmerzen und Rauch die Nase reizen. Deshalb: Gehen Sie dem Bruch dieser weltlichen Gesetze aus dem Weg oder nutzen Sie sie vielmehr für Ihre Zwecke - wie andere Pendel auch - ohne sich von ihnen abhängig zu machen. Sollte es den Erfordernissen entsprechen, die Sie intuitiv in ihrem Herzen tragen, so hören Sie bitte dennoch immer furchtlos auf ihr eigenes Gewissen!

Auf der eigentlich nicht existenten, sondern nur erdachten, projizierten, erträumten sechsten Ebene liegt das, was wir schlechterdings als menschlichen Erfolg oder eben Versagen bezeichnen. Wer diese Regeln kennt, beginnt damit zu spielen, nie jedoch zum eigenen Vorteil, sondern zum Wohlergehen aller! Nur, wenn es Ihnen gelingt, für alle Beteiligten win/win-Situationen zu schaffen, wird Ihr Leben wirklich gesegnet sein.

Ich werde Ihnen jetzt noch einen weiteren letzten Trick in vier Stufen verraten, um glücklich zu sein, denn hierum geht es uns allen im Endeffekt

1) Wir haben im Verlauf unserer Untersuchungen erkannt, dass aus der obersten Ebene des SEINS die Gefühle ausflocken. Es macht im Leben Sinn, um glücklich zu sein, nur jene Gefühle zu pflegen, welche unserer Herz erwärmen. Zwar sollten wir die anderen "negativen" Gefühle, die sich einengend oder beklemmend anfühlen auch wahrnehmen, ihnen aber weiter keine Beachtung schenken, denn Gefühle kommen und gehen. Dass aber, was wir als "gute", warme oder das Herz weitende Gefühle wahrnehmen, sollten wir tief in unser Herz hinein atmen, um es dort zu verankern.

2) Neben den Gefühlen spielen natürlich auch unserer Gedanken eine größere Rolle beim Glücklichsein. Auch hier gilt es, die auf Angst, Hass, Neid oder anderen "negativen", das Herz verengenden Gefühlen beruhen, zwar zu erkennen, ihnen weiter aber keine Aufmerksamkeit zu schenken. Auch Gedanken kommen und gehen. Jene, die uns nicht gefallen, da sie sich nicht gut anfühlen, lassen wir also einfach wieder gehen. Die anderen "guten" auf den warmen Gefühlen in unserem Herzen basierenden Gedanken sollten wir hingegen pflegen und ausbauen. Je mehr warme und weitende Gefühle wir bereits in unser Herz geatmet haben, um sie dort zu verankern, je öfter werden wir auch tragende, aufbauende, ermutigende und erhebende Gedanken denken. Dieser Gangart gilt es zu folgen. Aus guten Gefühlen werden gute Gedanken...

3) In einem dritten Schritt beginnen wir damit unsere guten Gedanken auch auszusprechen, denn das gesprochene Wort verfügt nochmals über mehr Kraft und Verbindlichkeit als lediglich das Gedachte. Wir teilen also unsere guten auf "positiven" Gefühlen beruhenden Gedanken. Wer mag kann diese Gedanken auch aufschreiben, um sich an anderer Zeit wieder an ihnen zu erbauen. Wichtiger aber ist es noch, sie mit anderen Menschen zu teilen. Sollte an dieser Stelle trotz allem wieder einmal ein beengendes oder ängstigendes Gefühl in uns hoch steigen, kennen wir dies bereits und warten bis es vergangen ist. Wir anerkennen es, schenken ihm aber weiter keine Beachtung. Sollten wir entmutigende oder sonst irgendwie "negative" Gedanken denken, lassen wir auch dies zu, beschäftigen uns aber nicht weiter damit, sondern fokussieren uns wieder auf unser "positiven", erfreuenden Gefühle und Gedanken. Selbst sollten wir uns zu "negativen" oder abwertenden Äußerungen hinreißen lassen, insistieren wir nicht, sondern nehmen wieder die nächste Ausfahrt zu "positiver", wertschätzender Kommunikation. Auch ein im Zorn gesprochenes Wort ist nicht bindend. Es wurde gesagt und darf nun ins Leere verlaufen. Wichtig ist es, jetzt wieder "positiv", wertschätzend und verbindlich zu kommunizieren.

4) Nach dem Sprechen folgt als abschließender Schritt das bewusste Handeln. Wer bewusst atmet, bewusst fühlt, bewusst denkt und bewusst spricht, dem wird auch das bewusste Handeln für das Wohlergehen von sich selbst, seiner Familie, seiner Region, Mutter Erde und Vater Himmel weiter nicht schwer fallen. Hierzu gehört u.a. auch ein bewusster Umgang mit sich selbst, seinen Mitmenschen, dem natürlichen Umfeld, den irdischen Ressourcen sowie eine gesunde, spirituelle und materielle Ernährung.

Zusammengefasst lautet die Glücksformel
Immer nur Gutes fühlen, denken, sprechen und tun.
Wenn es mal nicht klappen sollte, einfach wieder von vorne beginnen!

Elementaler Ausklang

Unter *Elemental* versteht man in der Magie eine durch unbewusstes oder bewusstes Fühlen oder Denken hervorgebrachte Kraft, welche eine bestimmte, relativ konstante Form annimmt. Die Form eines *Elementals* ist immer nur so konstant, wie das es hervorbringende Denken, Fühlen und das durch diese bewirkte Resonanzfeld. Das *Elemental* ist dieses Resonanzfeld.

Ich habe in meinem Buch mehrmals den Namen der *Gottheit* erwähnt, welche ich dem Universum, dem "Tao", "Brahman" oder der "Heiligen Matrix" gleichsetzte.

Eine zweite Sichtweise Gottes wäre die als *höchstes Elemental*. Da das *Gotteselemental*, also unsere Vorstellung von Gott und unser Glaube an ihn, alle anderen *Elementale* in seiner Konstruktion umfasst und von vielen Menschen in ihrer Überzeugung geteilt wird, ist es in der Tat das vielleicht mächtigste *Elemental* von allen. Prädikate wie "weltübergreifend" oder "allmächtig" können ihm somit verliehen werden, was wiederum die tatsächliche Realität des *Gotteselementals* stärkt.

Den Teufel als *Elemental* kann es dann sehr wohl auch geben. Wenn wir an ihn glauben, ist er in der Lage, Macht über uns zu erlangen. Diese Macht erlischt allerdings auf der Stelle, wenn wir diesem *Elemental* Glauben und somit Gefolgschaft versagen. Sinn macht es daher, sich mit dieser Gedankenkonstruktion gar nicht weiter zu beschäftigen, dann wird sie uns auch nicht schaden. Sie bleibt inexistent! Einen unabhängigen Teufel, außerhalb unserer Überzeugungen, gibt es nämlich nicht!

Da Gott bzw. das Universum alles umfasst, gibt es auch keinen Gegenspieler desselben, denn alles ist eins. Merke: Einen Satan, als Gegenspieler Gottes, kann es deshalb logischerweise nicht geben, unabhängig davon, dass er dereinst von der christlichen Obrigkeit erfunden wurde, um ein weiteres Drohmittel gegen ihre freidenkenden (und vielleicht sogar freifliegenden) Schäfchen ins Feld führen zu können!

Noch etwas anderes erscheint mir wichtig: Egal, welcher Gottesvorstellung wir auch anhängen: Nicht Gott hat das Gehirn erschaffen, sondern dieses ihn! Gott ist eine Schöpfung der Menschen, sozusagen das höchste von diesen kollektiv geschaffene *Elemental,* das *Gotteselemental*. Letztendlich gibt es kein wirkliches "da draußen". Keinen Gott, kein Universum, nichts, was von uns getrennt wäre. Alles ist in uns! Außer uns, unserem Innerem, gibt es nichts. Rein gar nichts! Alle Macht kommt aus dem Inneren!

Dies zu erkennen ist die erste Reise, welche der Sucher bewältigen muss. Die Früchte der Erkenntnis dieser ersten Reise sind süß, denn sie bedeuten endliche Freiheit vom Gotteswahn!

Was bleibt aber ist die Frage, wer das Gehirn schuf? Es kann dies nur ein Zusammenspiel verschiedener Gesetzmäßigkeiten gewesen sein, wie sie der Heiligen Matrix, dem ursprünglichen Mythos, dem Tao oder ION entspringen und wie sie in diesem Buch in dreiunddreißig Erscheinungsformen aufgedröselt und dargestellt werden. Die Frage bleibt, woher diese Gesetzmäßigkeiten stammen. Dies ist die zweite Reise und ich denke, sie wird zu einem erfüllten Leben führen...

Auch die Gesetze, wie sie hier dargestellt wurden, sind relativ und könnten jederzeit auch anders formuliert werden. Ihrer Wirksamkeit und (relativen) Gültigkeit tut dies keinen Abbruch. Zusätzlich ist darauf hinzuweisen, dass auch die Lebensgesetze der Evolution und den Zyklen unterliegen, weshalb letztendlich auch sie nur von begrenzter Dauer sind.

> Merke: Die Gesetze selbst unterliegen allesamt dem Wandel und werden von verschiedenen Geistesforschern auch unterschiedlich dargestellt, benannt oder gedeutet. In ihrer Essenz sind sie jedoch unveränderlich wahr, zumindest solange, wie sie sich dem Gesetz des Wandels, welchem sie selbst auch unterliegen, zu widersetzen vermögen.

Die in diesem Buch dargelegten Lebensgesetze, wie überhaupt alle Gesetze, haben als Resonanzfelder bereits immer bestanden. Man muss sie deshalb nicht extra erlassen oder beschließen, sondern lediglich befolgen. Tut man dies nämlich nicht, hat man die Konsequenzen seines fehlgeleiteten Handelns zu tragen. Dies ist auch schon alles!

Eine Gesellschaft, die derart verfährt, nenne ich **spirituelle Anarchie**. Sie ist die Vollendung aller Gesellschaftssysteme. Dann braucht man keine Staaten mehr, keine Marktwirtschaft, ja nicht einmal Menschenrechte, denn die Gesellschaft, bestehend aus den einzelnen Menschen, handelt intuitiv richtig, indem sie die Gesetze der Resonanzfelder erkennt und sich danach richtet.

Solange wir die spirituelle Anarchie indes noch nicht erreicht haben, sollten wir bei Analyse unserer Lernaufgaben (oftmals "Probleme" genannt) auf der untersten Ebene, jener der menschlichen Gesetze, anfangen und uns falls notwendig, langsam zur obersten Wirkebene durcharbeiten. Also in etwa so: Resultieren meine Probleme daraus, dass ich gegen ein menschliches Gesetz verstoßen habe? Gegen welches und warum? Oder verstieß ich sogar gegen ein übergreifendes Menschengesetz? Warum? Ist dieser Verstoß auf das übergeordnete Wirken eines der Resonanzgesetze zurückzuführen? Wurden darüber hinaus Gesetze der Polarität, des Heilseins oder der Liebe verletzt? Oder liegt der Ursprung noch tiefer auf der Ebene des Geistes, der Ausflockungen oder des Bewusstseins (Energie)?

Nach der Analyse, seien Sie so gut, tragen Sie die Konsequenzen Ihres Verstoßes und bereinigen Sie vor allen Dingen dessen Ursache! Oftmals reicht hierzu die bloße Erkenntnis aus. Der wahrhaft intelligente Mensch kann niemals ein heimtückischer oder böser Mensch sein, denn seine Intelligenz bewahrt ihn vor dem bewussten Verstoß gegen universelle Gesetzte. Alles andere wäre Dummheit, denn er brächte Leiden über sich und die Welt.

Obwohl ich beim Schreiben dieses Buches bemüht war, Widersprüche zu vermeiden, wird man sicherlich auch solche erkennen können. Kein System ist ohne Widersprüche! Diese verhelfen uns dazu, die Welt hinter den Worten zu erkennen, wie sie wirklich ist: Ein wundervolles Mysterium!

Es ist mir übrigens aufgefallen, dass die meisten Menschen über mindestens vier voneinander getrennte Lebensläufe verfügen: Den lichten und den dunklen, den offiziellen sowie den privaten. Ich empfinde dies als sehr schade, da es so zu einer Zersplitterung der Persönlichkeit kommt.

Der lichte Lebenslauf umfasst jene Lebenssituation, in welchem wir Erkenntnis sammeln oder über uns selbst hinauswachsen, also Schritte unseres individuellen Erwachens unternehmen oder gutes Karma ansammeln.

Der dunkle Lebenslauf stellt dessen Gegenteil dar: Er verzeichnet unsere Fehlschläge und allerlei Verstöße gegen die Lebensgesetze bzw. das eigene Gewissen, was letztendlich dasselbe ist.

Von beidem aber, weder vom lichten noch vom dunklen Lebenslauf, will die Welt im Allgemeinen nichts wissen. Hierfür verlangt sie einen offiziellen Lebenslauf, der beispielsweise Geburtsort und Zeit, bürgerlichen Namen, Nationalität und Geschlecht; Bildungsgang und Berufserfahrung vorsieht - alles Dinge, die im Angesicht wahrer Lebenserfahrung und Erkenntnis zumeist völlig irrelevant sind.

Bleibt der individuelle Lebenslauf, den wir selbst uns schmücken und gestalten. Hier dürfen wir kreativ sein und lediglich jene Erfahrungen speichern, die uns individuell weiterbrachten. Er wird daher Elemente aller drei vorherigen Lebensläufe aufweisen. Er ist unser eigentlicher Schatz. Ihn gilt es gut zu hüten und zu bewahren...

Vielleicht ist die Bewusstwerdung dieser Zersplitterung und zumindest seine versuchsweise Zusammenführung zugleich der erste Schritt in ein freies, authentisches Leben, wie ich es jedem nur wünschen kann.

Nachwort

Wir leben, wie ich hoffe dargelegt zu haben in einer perfekten Welt, da wir selbst perfekt sind im Einklang mit einer von uns selbst hervorgebrachten Schöpfung! Schöpfer und Schöpfung sind eins! ICH BIN es! So gesehen gibt es weder ein von uns getrenntes politisches oder wirtschaftliches System, sondern dieses wird von uns hervorgebracht, je nachdem, worauf wir unser persönliches Augenmerk richten. Früher bezeichnete ich mich eine zeitlang als Feind dieses globalen Systems, welches ich für so viel Ungerechtigkeit in der Welt verantwortlich machte. Mittlerweile weiß ich, dass ich dieses System nicht nur selbst hervorbringe und selbst bin, sondern dass ich zugleich gut und heil bin, weil eins mit Gott! Sie übrigens auch! Da ich aber alle Dinge im Verlauf meiner Untersuchungen derartig als sat - chit und ananda, also Unsterblichkeit, Bewusstsein und Glückseligkeit offenbarten, weiß und spüre ich nunmehr, dass auch dieses einstmals so verhasste System gut ist! Dies soll nicht heißen, dass es auf den unteren Ebenen nicht sehr viele Verbesserungsmöglichkeiten gibt oder dass es sich nicht lohnen würde, sich hierfür zu engagieren oder besser noch, diese auch zu verwirklichen! Nein, man sollte die Ebenen nicht unnötig verwechseln! Es ist immer gut sich für Liebe, Frieden und Heilung einzusetzen! Aber der Urgrund, das Sein aus dem alles hervorgebracht wurde, ist perfekt, voller Freiheit, Bewusstsein und Energie! Es liegt an uns was, wir daraus auf den unteren Ebenen gestalten! Was auch immer wir fühlen, denken, sprechen, tun, wir auf uns selbst zurückfallen! Was sich aber auch immer in Form von "Karma" uns entgegenstellen wird, ist gut. Einfach nur gut! Es ist dies eine perfekte Welt in der wir leben und sie kann nicht anders sein als eben dieses: perfekt! Mittlerweile verstehe und begreife ich, dass Liebe zu allem und das bedingungslose Verzeihen höchster Weisheit entsprechen! Ein Begreifen, was gleichermaßen mich selbst und meine menschlichen Unzulänglichkeiten als auch das gesamte globale System inklusive seiner Kriege, Atomkraftwerke und Schändungen umfasst! Ich ermächtige die Dinge so zu sein, wie sie sind. Es ist perfekt!

Noch einmal stellt sich uns an dieser Stelle ein kleiner Dämon in den Weg und fragt: "Wollen Sie wirklich weise sein und sich allem aus eigener Ermächtigung heraus anvertrauen und hingeben? Ist Weisheit nicht viel langweiliger als Impulsivität und Tatendrang? Sind Sie nicht ein Macher? Ist es nicht letztlich egal, was Sie tun, solange Sie nur eben handeln? Werden Sie nach Ihrem Ton nicht ohnehin irgendwann in Licht und Bewusstsein übergehen, von denen Sie sich ja nie wirklich abgespalten haben? Sollten Sie also nicht vielmehr versuchen, den Zustand der Schatten, Ihr Schattendasein, so lange wie möglich auszudehnen und hinauszuzögern? Will nicht alles ohnehin gelebt und erfahren werden? Wollen Sie wirklich erwachen?"

Diese und ähnliche Fragen mögen intellektuell ihre Berechtigung haben, doch der kleine Dämon hat bereits seine Macht verloren. Die Antworten auf seine Fragen liegen immer im Herzen der Menschen verborgen.

"Warum sollten Sie ein Gutmensch sein, wenn es das Böse doch mit der gleichen Daseinsberechtigung auch gibt und es auch gelebt werden will und ohnehin alles eins ist?", hakt der listige Verführer nach. Und intellektuell mag man sogar hierüber streiten, aber die Ratio gerät hier an ihre Grenzen. Ihr Kollabieren ist das Beste, was sich in uns ereignen kann, denn unser wahrer Ratgeber sollte immer die Liebe des Herzens sein. Schließen Sie einen Moment Ihre Augen, die so viel gesehen haben und öffnen Sie Ihr Herz. Hier werden Sie die Antwort finden. Wie fühlt es sich an, wenn Sie an Ihre intellektuellen Zweifel denken? Nicht gut - oder? Denken Sie jetzt einmal daran, dass sie der Welt und ihrem Fluss vertrauen können, dass sie eins sind mit dem Leben, ein universeller Lichtstrahl voller Bewusstsein. Nun, dies sollte sich hoffentlich besser anfühlen! Verharren Sie einen Moment in der Stille. Ja, es ist wahr, wir haben gelitten und doch ist unsere Seele rein geblieben. Sprechen Sie jetzt voller Vertrauen:

Es tut mir leid.
Bitte verzeihe mir.
Ich liebe Dich.
Danke.

Spüren Sie tief in sich, was Sie da sprechen! Wiederholen Sie die Worte, solange wie es Ihnen gut tut. Bekennen Sie sich zu Ihrem und dem von Ihnen verursachten Leid und verzeihen Sie sich und den anderen. Dies ist das Intelligenteste, was Sie tun können, glauben Sie mir: Verzeihen Sie sich und anderen und bringen Sie Ihre unendliche Liebe für sich und die anderen zum Ausdruck. Je mehr Sie diese Liebe spüren, desto besser. Sollten Sie dennoch den einen oder anderen Zweifel in sich verspüren, so macht dies überhaupt nichts. Wiederholen Sie einfach die Worte:

Es tut mir leid.
Bitte verzeihe mir.
Ich liebe Dich.
Danke.

Mehr können Sie nicht tun und so wie es ist, ist es vollkommen in Ordnung! Sie haben alles getan, was in Ihrer Macht stand! Seien Sie dankbar für Ihr Leben. Sie haben alle bisher für Sie not-wendigen Erfahrungen gemacht! Segnen Sie sich, Ihr Leben und alle Menschen, denen Sie begegnet sind und begegnen werden. Was immer geschehen ist, es ist vorbei! Sie leben hier und jetzt! Dankbar und im Einklang mit der Schöpfung!

Auch ich möchte mich bei Ihnen für diese Übungen und Ihre Geduld bedanken. Sie haben soeben den ersten Schritt in ein neues Leben voller Gesundheit, Glück und finanziellem Erfolg begangen! Strengen Sie sich daher nicht weiter an, denn eine Zukunft nach all ihren Vorstellungen und Wünschen hat soeben begonnen!

Thorsten Nagel
Nidda, den 24..03.2012

Zusammenfassung aller 33 Lebensgesetze

1. Gesetz der Einheit, des Bewusstseins und der Energie: Alles ist Einheit! Alles ist Bewusstsein! Alles ist Energie!

2. Das Gesetz des Anfangs: Im Anfang ist bereits alles enthalten!

3. Das Gesetz der Holographie: Alles ist in allem! Das Größte ist im Kleinsten! Das Kleinste ist im Größten!

4. Das Gesetz des Werdens: Aus der Einheit entspringen die Gedanken! Die Gedanken formen die materielle Welt! Die materielle Welt ist eine Projektion der Einheit!

5. Die Gesetze der Illusion (Gesetze der Maya): (a) Illusion täuscht die Existenz von Raum und Zeit vor ebenso wie eine Trennung von Subjekt und Objekt! (b) Illusion ist notwendig, um Bewusstseinswachstum zu ermöglichen! Andererseits entsteht hieraus Leid! (c) Durch die Überwindung von Illusion findet Heilung statt!

6. Das Gesetz des Göttlichen Plans oder der Kreation: Es gibt einen Göttlichen Plan!

7. Das Gesetz der Seele: Alles ist beseelt!

8. Das Gesetz der Kommunikation: Alles kommuniziert mit allem!

9. Das Gesetz der Aufmerksamkeit: Energie folgt unserer Aufmerksamkeit!
10. Das Gesetz des freien Willens: Nichts darf gegen den freien Willen geschehen!

11. Das Gesetz der Liebe (oder des Verzeihens): Liebe ist immer die Antwort!

12. Die Gesetze des Heilseins: (a) Das Gesetz der Gesundheit: Unser natürlicher Zustand ist Gesundheit! (b) Das Gesetz der Heilung: Alles wird geheilt!

13. Das Gesetz der Polarität: Polarität entsteht aufgrund von Illusion!

14. Das Gesetz der Schatten: Ein abgelehnter Pol führt zu Schattenbildung!

15. Das Gesetz des Impulses: Auf Impulse folgt eine Reaktion!

16. Das Gesetz der Kausalität: Nichts geschieht grundlos!

17. Die allgemeinen Resonanzgesetze: (a) Gleiches zieht Gleiches an! (b) Gleiches zieht polar Gegenüberliegendes an!

18. Das Gesetz des Ausgleichs und der Erhaltung: Energie geht nie verloren, sie wandelt sich nur!

19. Die Gesetze der Veränderung: (a) Gesetz des Gleichgewichts: Energie wandelt sich solange, bis ein Gleichgewicht hergestellt wird! (b) Gesetz des Wandels: Alles ist in ständigem Wandel! (c) Gesetz der Wiederkehr: Alles kehrt immer wieder! (d) Gesetz der Zyklen: Alles verläuft zyklisch! (e) Gesetz des Kontinuums: Alles geht immer weiter!

20. Das Gesetz der Synchronität: Bedeutsame Dinge geschehen oftmals zur gleichen Zeit!

21. Das Gesetz der Reihe (Gesetz der Serie): "Ein Unglück kommt nur selten allein!"

22. Das Gesetz der Analogie: Wie im Großen so im Kleinen! Wie außen so innen! Wie oben so unten! Es gibt überall analoge Formen!

23. Das Gesetz der Kokreation (des Denkens oder des Glaubens): Der Mensch ist Schöpfer seines eigenen Schicksals!

24. Das Gesetz der Relativität: Alles ist relativ!

25. Das Gesetz der Spiegelfunktion: Alles, was uns bewusst wird, spiegelt lediglich das, was in uns ist!

26. Das Gesetz der Wahrscheinlichkeit (oder Gesetz des Wünschens): Alles, was wir uns wünschen und sodann loslassen, wird eintreten!

27. Das Gesetz der Beharrlichkeit (oder der Aufmerksamkeit): Alles, was wir beharrlich verfolgen, wird verwirklicht!

28. Das Gesetz der Hierarchie: Die Welt kennt Hierarchien!
29. Das Gesetz der Gleichwertigkeit: Es gibt keine Wertigkeit!

30. Das Gesetz der Einkehr oder Rückkehr: Alles kehrt in die Einheit zurück!

31. Das Gesetz der Entelechie (der Ordnung oder der Evolution): Alle Entwicklung folgt einem Göttlichen Plan, dem Plan der heiligen, beseelten Matrix!

32. Das Gesetz der Entropie: Alles wird in einem Zustand der Entropie enden!

33. Die fünf ewigen Menschengesetze: (a) Leben und Gesundheit aller schützen! (b) Die Partnerschaft, Ehe und Familie wertschätzen! (c) Eigentum, Besitz und Arbeit aller achten! (d) Die Wahrheit sagen! (e) Das richtige Bewusstsein bei allem Tun!

Ebenfalls vom gleichen Autor bisher u.a. erschienen:
Die Lebensschule - Handbuch des keltischen Schamanismus

Die Lebensschule ist ein grundlegendes Werk über die vier individuellen Entwicklungsstufen vom selbst-verantwortlichen, freien Krieger, dem gestaltenden Barden, dem heilenden Schamanen und dem gütigen Druiden, welche in der einen oder anderen Form in allen urtümlichen Gesellschaften verwirklicht wurden. Sie ruft uns dazu auf, diesen Wegen zu folgen, um Kreativität, Gesundheit und Weisheit in unser Leben zu bringen. Mit einer Einführung in für alle erlernbare schamanische Methoden.

Ausbildung zum Krieger, Barden, Schamanen und Druiden - Die wichtigsten Funktionen und Tätigkeitsbereiche der naturspirituellen Ränge und ihre Zertifizierung

Die profunde ganzheitliche Ausbildung der genannten Archetypen menschlicher Entwicklung ist gerade auch in unserer "modernen" Welt unumgänglich und wird hier in richtungsweisenden Worten skizziert. Nur dem zu empfehlen, der an der Lebensschule Gefallen fand!

Männer . Männlichkeit . Mannsein - ein Leitpfaden zur Maskulinität

103 Thesen zum Thema "Maskulinität". Wann ist eine Mann ein Mann?
Nur für Männer!

Der Medizinradkrieger - Auf der Suche nach der Weltenformel

Der "Medizinradkrieger" ist ein spiritueller Reiseroman, in dem die Abenteuer eines spanisch-stämmigen Musikers beschrieben, der nach einem gelungen Auftritt seiner Band <<The Emirates>> in Berlin von einer Engelin und seinem Dämon heimgesucht wird. Dies ist der Beginn einer langen Reise, die Jorge in alle Himmelsrichtungen führt, von denen einjede eine ganz eigene Qualität und Lehre für ihn bereit hält. Er macht hierbei für ihn notwendige substantielle Erfahrungen und lernt allerlei kuriose Personen kennen. Nach dem europäischen Medizinrad ausgerichtet. Eine Geschichte voller Leidenschaft und Liebe, bei der Realität und Vision ineinander verschwimmen. Mit einer guten Priese Humor und voller Rock 'n Roll!

LIEBE
LICHT
INFORMATION

BEWUSSTSEIN
ENERGIE
EINHEIT

HEILUNG
ENTWICKLUNG
VIELFALT

RÜCKKEHR

KREATIVITÄT
PHANTASIE

HUMOR

GESUNDHEIT
WOHLSTAND

UNSTERBLICHKEIT
BEWUSSTSEIN
GLÜCK

FREUDE
FAMILIE
FREUNDE